Aprenda inglês cantando e aprenda a cantar em inglês

Carlos Gontow
Cris Gontow

Aprenda inglês cantando e aprenda a cantar em inglês

1ª REIMPRESSÃO

© 2013 Carlos Gontow e Cris Gontow
Preparação de texto: Larissa Lino Barbosa/Verba Editorial
Capa e Projeto gráfico: Alberto Mateus
Diagramação: Crayon Editorial
Assistente editorial: Aline Naomi Sassaki

Dados Internacionais de Catalogação na Publicação (CIP)
(Câmara Brasileira do Livro, SP, Brasil)

Gontow, Carlos
    Aprenda inglês cantando e aprenda a cantar em inglês / Carlos Gontow, Cris Gontow. -- Barueri, SP : DISAL, 2013.

    Bibliografia.
    ISBN 978-85-7844-135-7

    1. Inglês - Estudo e ensino I. Gontow, Cris. II. Título.

13-03556   CDD-420.7

Índices para catálogo sistemático:
1. Inglês : Estudo e ensino 420.7

Todos os direitos reservados em nome de:
Bantim, Canato e Guazzelli Editora Ltda.

Alameda Mamoré 911 – cj. 107
Alphaville – BARUERI – SP
CEP: 06454-040
Tel. / Fax: (11) 4195-2811
Visite nosso site: www.disaleditora.com.br
Televendas: (11) 3226-3111

Fax gratuito: 0800 7707 105/106
E-mail para pedidos: comercialdisal@disal.com.br

Nenhuma parte desta publicação pode ser reproduzida, arquivada ou transmitida de nenhuma forma ou meio sem permissão expressa e por escrito da Editora.

Sumário

Introdução 9
PARTE A Dicas Gerais 13
- Ouça com atenção. 14
- Preste atenção às músicas em português 15
- Como aprender uma música inteira. 17
- Use a sua memória musical 19
- Deixe as músicas mais lentas para poder aprender 21
- Aprenda a cantar imitando os cantores 22
- Você não precisa saber o significado
  de tudo o que está cantando 23
- Tente identificar o que sabe nas músicas que ouve 26
- Que música é melhor para aprender inglês 27
- Músicas com erros 28
- Procure músicas de karaokê 29
- Aprenda inglês com os musicais da Broadway,
  do West End e de Hollywood 30
- Cante músicas infantis 32
- Cante músicas festivas em inglês 33
- Cante músicas folclóricas em inglês 35
- Aprenda a juntar as palavras 37
- Encontre palavras que rimam 38
- Tente tirar a letra de uma música 40
- Tente cantar uma música impossível de cantar 41
- Cante e não desista diante das dificuldades 43
- Fracassar é bom! 44

PARTE B Músicas para Aprender Conteúdos Específicos 47
- Como achar músicas para praticar o que você está aprendendo. 48
- Pratique o verbo *To Be* 50
- Músicas para praticar o *Simple Present* 52
- Músicas para praticar o *Simple Past* 53
- Músicas para praticar o *Present Perfect* 56
- Músicas para praticar o *Present Perfect Continuous* 58
- Músicas para praticar o *First Conditional* 59
- Músicas para praticar o *Second Conditional* 61
- Músicas para praticar o *Third Conditional* 63
- Aprenda a fazer perguntas em inglês cantando 65
- Músicas para praticar perguntas negativas 67
- Músicas para praticar o futuro com *Will* e *Going to* 68
- Músicas para praticar o *Future Perfect*. 71
- Músicas para praticar *Indirect Questions* 72
- Músicas para praticar o *Past Continuous* 73
- Músicas para praticar *Modals*. 74
- Músicas para praticar *Past Modals* 76
- Músicas para praticar *Used to* 77
- Músicas para praticar *Wish* 79
- Músicas para praticar superlativos 80

PARTE C Atividades Práticas 83
- Brinque com a língua. 84
- Mude os pronomes de uma música. 84
- Mude o tempo verbal de uma música. 85
- Transforme uma música num diálogo 87
- Mude o sujeito de uma música. 89

- Passe palavras de uma música para o plural 90
- Passe palavras de uma música para o singular 92
- Brinque com comparativos e superlativos. 93
- Mude o vocabulário de uma música 94
- Mude os adjetivos de uma música. 96
- Inclua palavras numa música 97
- Fale a letra de uma música 100
- Cante um texto com uma música conhecida 101

PARTE D Melhorando a Pronúncia 105

- As diferenças básicas entre os sons do inglês e do português. 106
- Sons iguais ou bastante semelhantes no português e no inglês. 106
- Sons que existem no inglês mas não no português 108
- Sons que existem no português mas não no inglês 109
- Como usar as dicas de pronúncia 110
- Como pronunciar o TH em inglês 110
- L final e antes de consoantes 112
- M e N finais e antes de consoantes 115
- Como pronunciar o NG em inglês 118
- A diferença entre o R e o H em inglês 119
- O som de /rl/ 122
- Os sons [p], [t], [k] em inglês 124
- A diferença entre T e CH, D e G. 126
- Os sons F e V finais 129
- Como pronunciar as consoantes finais 132
- O S no início das palavras 135
- Ligando sons – introdução 138
- Ligando sons – consoantes iguais ou parecidas 139

- Ligando sons – juntando T e D com Y inicial 141
- Ligando sons – não pronunciando a consoante final totalmente 143
- A pronúncia do passado dos verbos regulares 145
- Pronunciando SH, CH, J, DJ 147
- Sons reduzidos 150
- Os Is do inglês 152
- A pronúncia do U curto 155
- A pronúncia dos sons /ʌ/ e /ɜr/ 157
- Com pronunciar *ein* 160
- A diferença entre /æ/ e /e/ 162
- A pronúncia do T e D em inglês americano 164

Considerações finais 169
Referências 171

Introdução

■ No episódio "The Spanish Teacher" da terceira temporada do seriado *Glee*, o cantor Ricky Martin faz o papel de um professor de espanhol. Numa conversa com a personagem Will Schuester ele conta o seu segredo para aprender inglês: Ele diz que adora cantar e que aprendeu inglês assistindo a um programa de televisão chamado *Solid Gold*. Diz ainda que foram feitos estudos confirmando que o cérebro absorve informações como uma língua nova ou uma equação matemática muito mais rapidamente e as retém melhor quando aquelas informações são transmitidas através de música. Finalmente, ele completa aconselhando a Will, que é professor de espanhol, como fazer os seus alunos aprenderem o idioma. Ele sugere que o professor ensine música latina, pois cantando em espanhol os alunos vão aprender a língua sem perceberem.

Segundo Dale T. Griffe, autor de *Songs in Action*, "músicas oferecem uma oportunidade de se conhecer a cultura de um povo, permitindo que conheçamos os valores das pessoas que falam aquela língua. Além disso, elas dão informações sobre o contexto histórico e social para se aprender a língua. E mais do que isso, elas são um veículo para a língua em si, oferecendo ao aluno oportunidades de praticar a entonação, o ritmo, sem falar no vocabulário."[1]

Nós concordamos que cantar é ótimo para aprender línguas. Segundo Anice Paterson e Jane Willis no livro *English Through Music*, "A música

---

[1] Dale T Griffee, *Songs in Action*, Prentice Hall, 1992.

e a linguagem trabalham muito bem juntas. Cantar é uma excelente maneira de aprender e memorizar palavras e expressões e de desenvolver familiaridade com os sons e a estrutura da língua."[2]

Muitas estruturas gramaticais em inglês parecem difíceis no início, mas com a prática e com o uso elas vão se tornando mais fáceis. O que precisamos fazer é internalizar essas estruturas, para que consigamos falar sem ter que pensar.

Quando falamos em português, as frases já vêm prontas à nossa boca. Nós não precisamos pensar antes de falar. É como se tivéssemos um repertório de frases guardadas na nossa cabeça. Quando vamos falar, essas frases vão vindo à tona. Um dos segredos para aprender inglês é construir esse repertório e usá-lo na hora certa. Nesse sentido, a música pode ser um excelente aliado. Quando cantamos, repetimos a mesma frase tantas vezes que as palavras ficam gravadas na nossa mente. E depois, sem percebermos, acabamos usando aquelas frases em conversas, de uma maneira natural. É por isso que cantar ajuda tanto a aprender inglês.

Muitas pessoas nos procuram e nos pedem para ensiná-los a cantar. Embora adoremos cantar, não somos professores de música. Para aprender a cantar, você precisa de um professor de canto. É preciso muito treino para aprender todas as técnicas e esse tipo de ajuda não podemos dar.

Mas se você apenas gosta de cantar — como nós — ou se quer cantar em inglês para melhorar o seu inglês, podemos ajudar, sim. Este livro contém dicas de como aprender a cantar em inglês e de como aprender inglês através de músicas. Damos dicas mais gerais e dicas específicas de ativi-

[2] Anice Paterson; Jane Willis, *English Through Music*, Oxford University Press, 2008.

dades para que você pratique gramática e vocabulário. E ainda temos dicas de pronúncia para ajudá-lo a cantar e, consequentemente, a falar inglês melhor.

Em função dos direitos autorais das músicas, não podemos publicar todas as letras, mas podemos colocar pequenos trechos delas, que servem como exemplos. Se você quiser mais, pode procurar as letras na Internet ou nos encartes que vêm com os CDs.

Boa sorte, cante bastante, divirta-se e aprenda inglês!

Carlos e Cris

PARTE A
Dicas Gerais

Ouça com atenção

- O primeiro passo para você aprender a cantar em inglês é ouvir com atenção.

Um problema muito sério para o aprendizado de inglês é o fato de as pessoas não ouvirem corretamente. Muita gente é assim — simplesmente não ouve. Há pessoas que vão ao cinema ou assistem a um filme em casa, por exemplo, e que leem a legenda do filme e simplesmente desligam os ouvidos. Não prestam nenhuma atenção ao som do filme. Mesmo que você não entenda nada de inglês, se ouvir o que está sendo dito, vai conseguir aprender pelo menos a pronúncia correta dos nomes dos personagens. Conhecemos um rapaz que é superfã do seriado *The Big Bang Theory*, não perde um episódio e assiste até às reprises, mas não consegue pronunciar corretamente o nome do personagem Leonard. Ele continua dizendo *Le-o-nard*, quando a pronúncia correta é *Lénard*. Esse nome é repetido dezenas de vezes em cada episódio. A pessoa só não ouve se não quiser.

Na sala de aula acontece muito isso. O professor fala uma palavra e o aluno repete de uma maneira totalmente diferente. É claro que nem sempre é fácil reproduzir a pronúncia correta em inglês, pois há certos sons que não existem em português, mas às vezes o aluno pronuncia de uma maneira completamente diferente, mesmo que o professor repita a mesma palavra muitas vezes. Isso acontece porque ele não está ouvindo.

Fora da sala de aula, na vida real, isso também acontece com muitas pessoas. Tem gente que conversa, mas não ouve o que a outra pessoa está dizendo. Numa conversa você precisa falar, ouvir o que a outra pessoa diz, e reagir a partir dali. No entanto, há pessoas que falam, mas não ouvem a resposta. Quando falam novamente, continuam o que estavam dizendo sem incorporar na conversa nada do que a outra pessoa disse. Parece que enquanto o outro estava falando ficaram só pensando no que iam dizer a seguir.

Aprender a ouvir pode ser treinado. Basta você se dedicar. E se concentrar. Tente se concentrar mais.

Quando você está aprendendo a cantar uma música, é muito importante ouvir bem. Leia a letra e acompanhe a gravação muitas vezes. Preste muita atenção ao som que está ouvindo e às palavras que está lendo. Isso vai fazer você cantar muito melhor. E, consequentemente, o seu inglês vai ficar muito melhor também.

Preste atenção às músicas em português

- Você já percebeu que muitas vezes nós não entendemos as músicas na nossa própria língua?

    Há algum tempo lemos uma matéria muito divertida na Internet, na qual leitores escreveram as letras de músicas que eles cantavam errado. Entre as músicas citadas, havia pessoas que cantavam a música "Menino do Rio" dizendo *"dragão com a toalha no braço"* quando o correto é *"dragão tatuado no braço"*. E pessoas que cantavam "Noite do prazer" dizendo *"Na madrugada a vitrola rolando um blues, trocando de biquíni sem parar"* quando o correto é *"Na madrugada a vitrola rolando um blues, tocando B. B. King sem parar"*. E há muitos outros exemplos.

Como você pode ver, mesmo na nossa própria língua temos dificuldade em entender todas as palavras de uma música. E muitas vezes cantamos errado e nem percebemos. Às vezes cantamos uma coisa que não faz o menor sentido e mesmo assim não nos damos conta disso.

Quando estamos ouvindo uma música que a gente já conhece, a letra vai "passando" na nossa mente e é por isso que a gente entende tudo. Tanto que se você vai a um show e os cantores trocam alguma palavra, muitas vezes você nem percebe e canta a versão que está na sua cabeça.

Quando a gente está ouvindo uma música que não conhece, não há essa letra que vai "passando". E muitas vezes não entendemos mesmo algumas palavras. Isso acontece em português, por isso é perfeitamente natural que você não entenda tudo o que é cantado numa música em inglês, principalmente na primeira vez.

No entanto, a maioria das pessoas fica muito chateada e até brava quando não consegue entender a letra de uma música inteira em inglês. Parece que se cobram muito mais do que na língua nativa.

Por isso, mais uma vez insistimos: não se preocupe se não conseguir entender tudo numa música. Lembre-se de que nem em português você consegue entender tudo. Inglês não é a sua língua nativa. Além disso, dependendo do seu estágio de desenvolvimento do inglês, você tem uma vocabulário maior ou menor. Muitas vezes você não entende por que não conhece aquela palavra. Isso é muito comum.

Se você ouvir a mesma música em português muitas vezes, vai acabar entendendo mais, até entender quase tudo. Muitas vezes há partes que você não entende nunca — isso é absolutamente normal. Em inglês, mesmo você ouvindo muitas vezes, talvez fique com algumas palavras sem entender.

Faça este exercício. Preste atenção às músicas em português que tocam no seu rádio. Preste atenção à letra e vá percebendo o quanto você entende na primeira vez que ouve uma música nova.

Esse exercício vai ajudar você a se cobrar menos em relação ao inglês. Você vai perceber que não há problema em não entender tudo. E parando de se cobrar tanto, e admitindo que não entender tudo é normal, mais tranquilo você vai ficando no seu aprendizado de inglês.

O importante é você analisar o seu próprio progresso. Perceba que quanto mais músicas você ouvir e quanto mais músicas você aprender a cantar, mais você vai entender. Procure sempre analisar isso. Diga para você mesmo coisas como: "Antes eu não entendia quase nada quando ouvia uma música, mas agora já entendo um pouco." Isso é um sinal de progresso.

Note que às vezes o problema não é seu. Há cantores que têm uma dicção pior do que outros. Há cantores que gritam mais do que cantam. Há músicas em que o som dos instrumentos é muito alto e acaba encobrindo a voz do cantor.

É normal errar ou não entender. As cobranças negativas só atrapalham o nosso aprendizado. Lembre-se de que você é normal, e aprenda sem traumas.

Como aprender uma música inteira

- Você quer aprender a cantar em inglês, mas não sabe como começar? Aqui estão os primeiros passos nesse processo divertido e muito eficiente.

Escolha uma música de que você goste. Não importa o cantor, não importa o gênero — o que importa é você gostar dela.

Encontre a letra da música e copie. Você consegue praticamente qualquer letra na Internet e muitos CDs têm um encarte com as letras das músicas, portanto isso não é difícil.

Primeiramente, ouça a música várias vezes, acompanhando sempre com a letra. Coloque fones de ouvido e preste bastante atenção aos sons das palavras. Você não precisa entender a letra, mas siga tudo e tente identificar os sons. Mesmo que você pense que já sabe cantá-la, evite cantar nesse primeiro momento. Apenas ouça.

Depois disso, inicie a fase em que você vai cantar. Mantenha os fones de ouvido para continuar ouvindo o som original claramente. Cante uma linha de cada vez. Toque a música e cante a primeira linha. Pause a gravação e volte para o começo. Cante a primeira linha novamente. Repita o processo muitas vezes.

Depois de cantar a primeira linha muitas vezes lendo a letra, tente cantar sem ler. Cante só a primeira linha várias vezes. Se esquecer a letra, leia-a novamente. Faça isso até conseguir cantar a primeira linha bem, sem ler.

Tendo aprendido a primeira linha, comece a praticar a segunda. Cante a segunda linha diversas vezes, primeiramente lendo e depois sem ler, como você fez com a primeira linha.

Quando você conseguir cantar a segunda linha corretamente, pode tentar juntar a primeira e a segunda linhas. Volte a gravação para o início, e repita todo o processo. Pratique a primeira e a segunda linhas muitas vezes, até aprender a cantá-las bem.

Continue o procedimento, incluindo uma linha de cada vez e depois cantando a música inteira do início até aquele ponto. Toque a música, cante, pare e volte ao início várias vezes. Repita tudo até chegar ao final da música, sempre adicionando uma linha por vez.

Esse é um procedimento que dá trabalho, mas dá um ótimo resultado. E é bastante divertido.

Não é um procedimento rápido. Você vai gastar bastante tempo até aprender cada música. Esse tempo varia de pessoa para pessoa. E depende também do tamanho da música. Pode ser que você demore algumas horas ou até alguns dias para aprender uma música inteira. Isso não é um problema. Siga no seu ritmo que você terá bons resultados.

Depois de chegar ao final da música, é hora de você praticá-la por inteiro. Cante a música do início ao fim várias vezes. Ouça-a quando estiver no seu carro e cante junto, ouça-a no tocador de mp3 e cante junto, ouça-a no computador, enfim, cante muitas e muitas vezes. Cante até saber a música de cor. Depois arrisque cantar sozinho, sem tocar a gravação original. Não é preciso ter boa voz — não se preocupe com a afinação. Cante e divirta-se!

Você pode definir uma meta para si mesmo. Pode aprender uma música nova por dia, uma música por semana, ou uma música por mês. O ritmo é seu. No entanto, um conselho é aprender uma música bem antes de passar para outra.

Use a sua memória musical

■ Você já percebeu que às vezes você ouve uma música que não ouvia há muitos anos e consegue se lembrar da letra inteirinha? O que faz com que essa letra fique gravada na sua cabeça e que você não a esqueça é a sua memória musical.

Há muitos casos de pessoas com idade avançada que têm lapsos de memória, mas que não se esquecem de determinadas músicas. As músicas parecem entrar na nossa memória e não sair mais.

No artigo intitulado "Memória musical não se perde com amnésia, mostram cientistas"[3], publicado no site *www.correiodoestado.com.br*, cientistas falam sobre estudos feitos a respeito da memória musical. Segundo eles, a explicação pode estar no fato de que as memórias musicais são armazenadas em partes diferentes do cérebro que as de outras memórias. De acordo com Carsten Finke, do Hospital Universitário de Charite, em Berlim, "mesmo em casos de amnésia densa e grave, ainda existem ilhas de memória intactas, a memória musical".

O fato é que a música realmente fica na nossa memória. Por isso é tão bom usar músicas para aprender inglês. Embora nós não achemos que você vá aprender inglês só com músicas, ouvir e cantar em inglês ajuda muito o seu aprendizado. De tanto você cantar, as palavras e estruturas vão ficando na sua cabeça, e quando você precisa, elas vêm à sua mente e saem da sua boca.

Por isso cante — e muito! Mas atenção: você precisa cantar corretamente. Se você aprender a cantar errado, vai gravar as palavras erradas e vai ser muito difícil de corrigir depois. A memória musical é forte também para gravar os erros. Cante, mas acompanhe com a letra e procure pro-

---

[3] *Memória musical não se perde com amnésia, mostram cientistas*. In: Correio do Estado. Disponível em: <http://www.correiodoestado.com.br/noticias/memoria-musical-nao-se-perde-com-amnesia-mostram-cientistas_132979/>. Acesso em 15 jan. 2013.

nunciar bem todas as palavras. Depois que você aprender a letra, aí sim tente cantar sem ler.

Cantar é gostoso e faz bem para a mente. E outra vantagem é que você pode escolher qualquer tipo de música de que goste. O importante é ser em inglês.

Use a sua memória musical em benefício do seu inglês!

Deixe as músicas mais lentas para poder aprender

- Cantar em inglês muitas vezes é difícil quando a música é rápida demais, ou quando ainda não temos um bom domínio do idioma. No entanto, às vezes não temos muita paciência para começar cantando músicas mais lentas. Uma ideia que você pode usar é deixar a música mais lenta, através de alguns programas de computador.

Existem programas como o *Audacity*, que pode ser obtido gratuitamente na Internet, que são muito fáceis de mexer. Através deles você pode deixar a música mais lenta ou mais rápida. Eles funcionam como um editor de texto. Você pode copiar um pedaço da música e colar em outro arquivo; pode alterar a velocidade da música e até alterar seu tom, deixando-a mais grave ou mais aguda.

Depois de deixar a música mais lenta, você pode praticar bastante até aprender a cantá-la. Quando conseguir cantar a música na velocidade lenta, você pode tentar cantá-la na velocidade normal.

Você pode ainda fazer várias versões da música, cada uma um pouco mais lenta, e ir treinando uma de cada vez, começando pela mais lenta, até chegar na versão real. Só tome cuidado para não deixar a música lenta demais, pois pode acabar distorcendo as palavras e os sons ficam prejudicados.

Aprenda a cantar imitando os cantores

- Imitar é uma excelente maneira de aprender. Para você aprender a falar inglês, por exemplo, ajuda muito se você ouvir os nativos falando e imitar o jeito como eles falam. Infelizmente, muitas pessoas têm vergonha de fazer isso.

Mas se você parar para pensar, vai perceber que muitas das coisas que aprendeu na vida você aprendeu imitando. Os bebês, por exemplo, imitam os seus pais. Quando os pais falam com eles, eles imitam o movimento da boca e é assim que começam a esboçar suas primeiras palavras.

As crianças aprendem sobre o mundo imitando os adultos. Brincam de faz de conta, imitando a professora, os pais, os médicos e assim entendem como funciona o mundo à sua volta.

Meninos imitam os seus ídolos no futebol, e tentam copiar as jogadas espetaculares que eles fazem. Meninas imitam as modelos nas passarelas e em fotos de revista. A imitação é um excelente recurso para o aprendizado. Depois de imitar, as pessoas acabam por desenvolver o próprio estilo.

Para aprender a cantar, imitar também ajuda muito. Procure imitar a maneira do cantor cantar. Se você estiver assistindo a um vídeo, imite a maneira como o cantor mexe a boca. Isso vai ajudar a melhorar a pronúncia das palavras. Mesmo que no começo isso pareça um tanto falso, aos poucos você vai produzir melhor os sons do inglês.

Mais do que isso, imitar é divertido. Dessa forma, você aprende e se diverte ao mesmo tempo.

Você não precisa saber o significado de tudo o que está cantando

■ No nosso aprendizado de qualquer coisa é normal não entendermos na primeira vez que ouvimos. Aprender requer um certo tempo. E o mesmo acontece quando aprendemos uma música nova.

Para aprender a cantar em inglês você não precisa entender todas as palavras de uma música. É claro que nós gostamos de saber o que estamos dizendo quando cantamos uma música, mas se você pensar bem, vai ver que mesmo em português nós cantamos coisas que não entendemos.

Quando você era bem pequenino, cantava muitas músicas que não tinha a menor ideia do que queriam dizer. E só depois de muito tempo é que foi aprender o que significavam. Nós cantamos o hino nacional do Brasil e a maioria das pessoas não sabe o que significa "fulguras ó Brasil, florão da América", só para dar um exemplo.

Se isso acontece na língua materna, é mais do que natural acontecer na língua estrangeira também.

Pense nas músicas em português que você sabe cantar. Quantas delas você ouviu e já conseguiu cantar de primeira?

Muitas vezes ouvimos uma música tocando no rádio e não gostamos dela de início. Entretanto, se você a ouve muitas vezes, pode acabar até gostando. Aí você começa a cantarolar cada vez que a ouve no rádio, mas mesmo assim não consegue cantar todas as palavras. Muitas vezes você precisa procurar a letra na Internet ou no encarte de um CD para entender todas as palavras.

Tome por exemplo a música "Língua", de Caetano Veloso, que além de rápida tem uma série de palavras que não usamos no nosso dia a dia. Procure a letra e a gravação da música na Internet para ter uma ideia. Tente ouvir uma vez sem ler a letra. Veja o que consegue entender. Depois leia a letra e compare.

Preste atenção a estas duas partes:

E quero me dedicar a criar confusões de prosódias
E uma profusão de paródias
Que encurtem dores e furtem cores como camaleões

Flor do Lácio, sambódromo
Lusamérica Latina em pó
O que quer o que pode essa língua?

("LÍNGUA", CAETANO VELOSO)

Esses são apenas alguns exemplos de frases que você provavelmente não entenderia sem ler a letra. E mesmo depois de ler a letra, você pode não ter ideia do que Caetano Veloso está querendo dizer. Só que isso não impede você de cantar a música. É até um bom exercício de pronúncia em português. Há professores de canto que usam essa música como um exercício de treino para articular as palavras corretamente e para respirar enquanto se canta.

Em inglês acontece a mesma coisa. Por esse motivo, não fique chateado se não entender a letra de uma música. Isso não significa que o seu inglês não é bom. Por melhor que seja o seu inglês, sempre vão aparecer músicas cuja letra você não entende.

Aprender é uma questão de tempo e de dedicação. Com o tempo, você com certeza vai entender mais. Lembre-se, porém, de que nunca irá chegar o dia que você vai entender tudo. Sempre vai aparecer alguma coisa que você não vai entender. Isso é normal, e não deve desmotivá-lo.

Quanto mais inglês aprender, mais você vai entender as letras das músicas.

O importante, num primeiro momento, é você aprender a cantar, sem se importar com o significado.

Se você quiser saber o que significam as palavras, recomendamos procurá-las num dicionário monolíngue, aquele que dá a definição em inglês. É um pouco mais difícil de entender as definições do dicionário no início, mas aos poucos você começa a entender mais e isso vai ajudá-lo a aprender a pensar em inglês.

Nós não gostamos de traduções, e por isso não recomendamos traduzir a música. A tradução não é boa para o aprendizado do inglês, e a letra traduzida em geral estraga a música.

Com o tempo, você vai entender mais e saber o que está dizendo. E um dia, sem perceber, vai usar uma frase de uma música numa conversa. E você vai perceber que está usando a frase num contexto certo.

Tente identificar o que sabe nas músicas que ouve

- Todos os dias nós ouvimos músicas em inglês na rádio, no tocador de mp3, nas trilhas sonoras de novelas e em muitos outros lugares. Já estamos tão acostumados com isso que muitas vezes nem prestamos atenção às letras.

Um exercício interessante e que vai ajudar o seu inglês é tentar identificar palavras e frases que você conhece nas músicas que ouve.

Quando estiver ouvindo uma música qualquer, preste atenção ao que está ouvindo. Quantas palavras e quantas expressões você consegue identificar?

Pode ser que consiga entender muito pouco, principalmente se o seu inglês for muito básico. Mas quanto mais você tentar, mais vai entender. E quanto mais o seu inglês melhorar, mais vai entender também.

No começo do seu aprendizado, pode acontecer de você conseguir entender apenas uma ou duas palavras isoladas. Aos poucos, porém, você vai começar a entender mais palavras e quem sabe até algumas frases.

Você vai perceber que muitas vezes não entende porque simplesmente não presta atenção. Nós estamos tão acostumados a ouvir música em inglês e não entender que as músicas passam para a gente só como um barulho sem sentido.

É uma questão de você treinar o seu ouvido para entender. Praticando esse exercício constantemente, você vai se treinando a prestar mais atenção. E prestando mais atenção, conseguirá entender ainda mais. Uma coisa ajuda a outra.

Que música é melhor para aprender inglês

■ Muitas pessoas nos procuram perguntando como aprender inglês com músicas ou qual a melhor música para aprender inglês.

Não existe uma resposta certa para isso. Qualquer música é boa para se aprender inglês. Se você tem pouco conhecimento de inglês, é mais fácil começar com músicas mais lentas, pois quanto mais rápida for a música, mais difícil será cantá-la. Isso acontece até na nossa própria língua. Se tentar cantar uma música nova em português e ela for muito rápida, você vai ter dificuldades no início.

As músicas que têm muitos sons de instrumentos ao fundo (muita bateria, por exemplo) são mais difíceis, pois você não vai conseguir ouvir bem a voz do cantor.

As pessoas que aprenderam inglês há 40 anos gostavam de ouvir as músicas de Elton John, como "Skyline Pidgeon" e "Goodbye Yellow Brick Road". Muitos aprenderam inglês cantando músicas dos Carpenters, cuja cantora (Karen Carpenter) tinha uma voz pura e cristalina e superclara de entender — "Only Yesterday", "Mr. Postman" e "Close to You" são só alguns exemplos. E como se esquecer de Barry Manilow, que também tem uma voz superclara? Outras pessoas um pouco mais velhas aprenderam inglês cantando músicas de Frank Sinatra e Nat King Cole. Tudo também depende da época em que você vive e das músicas de que gosta.

Para iniciar, achamos que treinar com os clássicos é sempre uma boa ideia. São canções que nunca saem de moda. São músicas e cantores de quem muita gente gosta. Que tal músicas dos Beatles? Ou do Elvis Presley? A banda Queen tem canções lindíssimas e a voz de Freddie Mercury era claríssima e fácil de entender (e uma das vozes mais lindas que já existiram).

Há músicas que facilitam a compreensão, e aconselharíamos você a começar por elas. São as músicas em que a voz do cantor sobressai à música de fundo e que pode ser claramente ouvida, ou de cantores que têm uma articulação mais clara. Alguns gêneros tendem a ser mais difíceis, como rap, que usa gírias e erros gramaticais como parte da sua proposta artística. Poderíamos citar alguns cantores modernos baladeiros que se prestam mais a esse objetivo didático como Katy Perry, Bruno Mars, Beyoncé, até Lady Gaga.

Com bastante prática você consegue cantar qualquer música. As dificuldades são vencidas com a prática. Quando você estiver craque naquela música, comece a cantar outra. De vez em quando, volte às músicas que cantou antes e vá montando um repertório de músicas que você já sabe cantar em inglês.

Músicas com erros

- É verdade que podemos aprender inglês cantando. Ouvindo e cantando as palavras da música, vamos gravando na nossa mente um repertório de frases e expressões em inglês, que um dia sairão de nossa boca naturalmente quando formos falar.

No entanto, devemos lembrar que algumas vezes há erros de gramática nas letras de música. Muitas vezes são coisas que se falam no dia a dia, mesmo não sendo a norma gramatical. Ou pode ser a linguagem de um grupo específico de pessoas.

Os Beatles, por exemplo, cantavam *"She's got a ticket to ride, but she don't care"*, quando o certo é *"she doesn't care"*.

Na música "Hair" do musical de mesmo título sobre os hippies, a letra diz *"Why don't my mother love me?"* quando o certo é *"Why doesn't my mother love me?"*

Quanto mais inglês você aprender, mais vai perceber os erros. E isso é um bom sinal, pois mostra que você está sabendo mais inglês.

Você pode fazer disso um exercício para melhorar o seu inglês. Leia as letras das músicas e tente ver se há erros de gramática. Se conseguir encontrá-los, corrija-os.

Uma brincadeira que você pode fazer é cantar a música que está errada, mas da maneira correta. É divertido e ajuda você a tomar consciência dos erros da letra, mesmo que cante a música da maneira como ela é.

Procure músicas de karaokê

- O termo *karaokê* é originário do Japão e significa "sem orquestra". Foi criado com a ideia de fazer as pessoas cantarem sem precisar do acompanhamento de uma orquestra.

Músicas de karaokê são aquelas com, basicamente, apenas a parte instrumental, com a letra para o cantor acompanhar.

Hoje em dia é muito fácil de encontrar músicas para karaokê. Além de CDs com versões em karaokê de muitas músicas, há uma grande quantidade de músicas que você consegue encontrar na Internet.

No YouTube (*www.youtube.com*), por exemplo, você encontra muitos vídeos em que é possível ouvir a parte instrumental da música e ler a letra na tela. Basta você entrar no YouTube e escrever a palavra "karaoke" na caixinha de buscas.

Se você já sabe que música está procurando, pode escrever o título da música na caixinha de buscas e a palavra "karaoke" (Por exemplo: she loves me karaoke). Ou se gosta de um cantor ou de uma banda em particular, pode escrever o nome do cantor ou da banda e a palavra "karaoke" (Por exemplo: rolling stones karaoke). Não há garantia de que você sempre vai encontrar a música que quer, mas há boas chances.

Se você encontrar uma música em karaokê que não sabe cantar, procure também a música na versão normal. Primeiro aprenda a cantar junto com o cantor original e depois use a versão instrumental.

Como tudo o que existe na Internet, lembre-se de que nem sempre as letras são 100 % corretas. Algumas vezes você vai perceber que o que está escrito não é exatamente o que o cantor está cantando. E conseguir perceber isso é um bom sinal de que o seu inglês está melhorando.

Uma sugestão é sempre procurar a letra da música em mais de um lugar e comparar as diferentes versões. Você pode até mandar um comentário para a pessoa que publicou o vídeo, dizendo que a letra está incorreta. É uma maneira de ajudar.

Aprenda inglês com os musicais da Broadway, do West End e de Hollywood

- Nós somos apaixonados por musicais. Adoramos tudo o que se refere a eles. Os antigos, os novos, as remontagens...

Muita gente pensa na Broadway quando se fala em musicais. E menos gente fala nos musicais do West End. O West End é a região de Londres onde se concentram os teatros. Muitos dos grandes musicais chamados "da Broadway" na verdade tiveram origem no West End, como *Cats*, *The Phantom of the Opera* e muitos outros. Os musicais do West End são tão bons — e muitas vezes melhores — que os da Broadway. Muitos musicais foram transformados em filmes em Holywood. E há também os musicais que foram feitos para o cinema.

Aprender inglês com os musicais é muito bacana. Você não precisa ir à Broadway. Você pode ouvir os CDs (ou fazer download das canções). Você pode comprar os que saíram em DVD. Você pode até achar vários deles — ou cenas deles — no YouTube.

Uma das vantagens de aprender inglês com os musicais é que eles contam uma história. As músicas vão contando a história e se você ouvi-las na sequência consegue entender a história inteira. Além disso, muitas das músicas são diálogos cantados. Muitas têm partes faladas e partes cantadas, e são uma maneira gostosa e divertida de treinar para falar em inglês.

Há musicais de todos os tipos e para todos os gostos.

Mesmo que você não assista aos musicais e apenas ouça às músicas, já é uma experiência incrível. Há vários musicais que nós ouvimos antes de assistir. Seguindo a história através das canções, você consegue visualizar as cenas da peça e parece que está assistindo a elas. Você ouve e canta todas as músicas e parece que já está vendo as cenas. Quando finalmente você assistir ao filme ou à peça, parecerá que já o tinha visto.

Além de assistir aos musicais, você também pode assistir na Internet à cerimônia do Tony Awards (o Oscar da Broadway) em que sempre aparecem cenas dos melhores musicais.

Assistir aos musicais é uma experiência mágica — pelo menos para nós. Quando nós assistimos ao musical *Les Misérables* em Nova York, o Carlos saiu do teatro com os olhos vermelhos de tanto chorar, e disse para si mesmo: "Ainda bem que eu aprendi inglês só para poder ter visto e entendido essa peça". Só essa peça valeu para ele por todos os seus anos de estudo de inglês.

Assistindo ou ouvindo aos musicais você ainda aprende história, pois muitos deles contam eventos da história mundial, ou falam sobre épocas passadas. Você aprende história, cultura, e de quebra, inglês.

Divirta-se e aprenda inglês com os musicais. Nós recomendamos!

Cante músicas infantis

- Quando nós éramos crianças, cantávamos uma série de musiquinhas que os nossos pais cantavam para nós. Na maioria delas nós nem sabíamos o que estávamos cantando. Cantávamos apenas por imitação, e, sem perceber, aprendíamos os sons das palavras em português. E aprendíamos regras de gramática sem nos darmos conta disso. Nós cantávamos "*Se eu fosse um peixinho e soubesse nadar*" e acabamos aprendendo a formar frases com a expressão "*Se eu fosse*".

As músicas infantis nos ajudam a aprender a falar a nossa própria língua. Nós vamos brincando com os sons e as palavras e formando e ampliando o nosso vocabulário.

Mesmo que você não seja mais criança, temos certeza de que ainda se lembra de muitas das músicas que você cantava na sua infância. Isso acontece porque essas músicas não são esquecidas — elas ficam armazenadas na nossa memória.

É por esse motivo que achamos que é muito bom cantar músicas infantis em inglês. Quando canta essas músicas, você brinca com os sons do inglês. Através das rimas, vai aprendendo a pronúncia correta das palavras. E também aprende bastante vocabulário. Muitas das palavras que aparecem em músicas para crianças nunca são ensinadas em livros ou cursos de inglês aqui no Brasil. Cantando, você tem a chance de aprender um vocabulário que talvez nunca fosse aprender.

Você pode comprar CDs com músicas para crianças em inglês. Ou também pode achar muitas músicas online. No YouTube há bastante material com músicas e *nursery rhymes* (aqueles versinhos rimados). Basta você procurar e cantar.

Se você tiver crianças na família, pode aprender as músicas e cantar para elas. Pode até ensiná-las a cantar em inglês. Quem sabe vai motivá-las a aprender inglês desde cedo?

Mesmo se não tiver crianças na família, cante para você mesmo. É divertido e muito bom para o seu inglês.

Cante músicas festivas em inglês

- Para você aprender inglês, não adianta apenas estudar inglês. Para aprender de verdade, você precisa usá-lo. Você precisa deixar o inglês fazer parte de sua vida, incorporando-o nas pequenas coisas do dia a dia.

Uma oportunidade para fazer isso é usar as ocasiões festivas para colocar mais inglês na sua vida.

No Natal, por exemplo, você pode praticar o seu inglês de uma forma diferente. Cante as canções de Natal em inglês. Você já deve conhecer algumas delas, pois muitas das melodias são as mesmas. Agora é só aprender as letras em inglês. E há várias músicas que são cantadas em outros países que não são tão conhecidas por aqui. É uma chance de conhecer músicas novas. E de aprender coisas sobre outras culturas.

Você pode achar várias músicas na Internet. No YouTube você encontra várias delas com a letra para cantar junto. Na noite de Natal, você pode reunir a família e ensiná-los a cantar em inglês. Será divertido e vocês farão uma coisa diferente. Podem ensaiar antes para cantar para a família mais tarde. Façam um pequeno show! Podem até cantar acompanhados pela gravação original. Vale tudo.

Na Páscoa, você pode procurar músicas relativas a esse tema e cantar sozinho ou com a família.

Mesmo que você não seja cristão e não comemore o Natal ou a Páscoa, também é sempre bom conhecer as músicas típicas. Pelo menos pelo lado cultural.

Você consegue achar músicas comemorando qualquer evento: Ano-Novo, Rosh Hashaná (o Ano-Novo judaico), Ramadan, Ano-Novo Chinês e muito mais. Basta você procurar!

As comemorações em família ou entre amigos são momentos de carinho e de amor em que podemos pensar em fazer o bem pelos outros. Isso vale para qualquer crença. Cantar em inglês vai só se somar a isso.

Cante músicas folclóricas em inglês

- Cantar músicas folclóricas em inglês é uma maneira de aprender a língua e um pouco de cultura também.

A música "Oh, my Darling Clementine", por exemplo, é uma música folclórica americana que quase todo mundo conhece, mas não sabe cantar direito.

> In a cavern, in a canyon,
> Excavating for a mine,
> Lived a miner, forty-niner
> And his daughter – Clementine
> ("OH, MY DARLING CLEMENTINE", MÚSICA FOLCLÓRICA)

Essa música se passa na época da corrida do ouro americana, que ocorreu por volta de 1849. As pessoas que participaram dela ficaram conhecidas como "forty-niners", daí o minerador da história ser chamado assim.

A música "We Shall Overcome" também é uma música folclórica muito tradicional.

> We shall overcome, we shall overcome
> We shall overcome someday;
> Oh, deep in my heart, I do believe,
> We shall overcome someday
> ("WE SHALL OVERCOME", MÚSICA FOLCLÓRICA)

Essa música foi a música tema do movimento pelos direitos civis americanos. Conhecer essa música e o seu período histórico ajuda a sua cultura e o seu inglês.

A música "Oh, Susanna", também muito conhecida, conta a história de um homem que estava indo a New Orleans para ver a sua amada. Uma música de amor e desejo, uma das mais tradicionais da cultura americana.

> I come from Alabama
> With my banjo on my knee
> I'm going to Louisiana
> My true loved one to see
>
> ("OH, SUSANNA", MÚSICA FOLCLÓRICA)

A música "It's a Long Way to Tipperary" é uma música folclórica inglesa que foi muito popular entre os soldados na Primeira Guerra Mundial.

> It's a long way to Tipperary,
> It's a long way to go,
> It's a long way to Tipperary,
> To the sweetest girl I know!
> Goodbye Piccadilly! Farewell Leicester Square!
> It's a long, long way to Tipperary,
> But my heart's right there!
>
> ("IT'S A LONG WAY TO TIPPERARY", MÚSICA FOLCLÓRICA)

Ela é muito conhecida na Inglaterra como uma canção de guerra.

Há várias versões de músicas folclóricas na Internet. No YouTube você consegue achar versões cantadas e instrumentais. Algumas delas têm até uma bolinha que vai pulando e mostrando a hora de cantar. É só seguir a bolinha e se divertir.

Se você se interessar, procure outras músicas folclóricas e cante. Embora não sejam músicas das paradas de sucesso, vai ser bom para a sua cultura geral. E para o seu inglês, é claro!

Aprenda a juntar as palavras

■ Uma das coisas mais difíceis para alguém que está aprendendo inglês é saber onde termina uma palavra e começa outra. As pessoas que são fluentes nessa língua não fazem pausas entre o fim de uma palavra e o começo da outra, e por isso para quem ouve parece que é tudo uma coisa só.

Em português nós fazemos isso naturalmente. Por exemplo, lemos "*vou para a cama*", mas dizemos "*vô pra cama*". Você não pronuncia o "*u*" em "*vou*", e junta o "*para a*" e diz "*pra*". Uma pessoa que não sabe falar português, pode escutar isso como uma palavra só, "*vopracama*". Ela não percebe que são quatro palavras.

Quando aprendemos inglês, temos que aprender a fazer essas junções de palavras. Nisso, cantar também pode ajudar muito. Aprendendo a cantar, você vai aprender a pronunciar as palavras corretamente e a juntar os sons, o que é muito importante.

Na música "Do You Want to Dance?", por exemplo, Johnny Rivers canta:

Do you, do you, do you want to dance?
Do you, do you, do you want to dance?
Do you, do you want to dance?

("DO YOU WANT TO DANCE", JOHNNY RIVERS)

No entanto, Johnny não pronuncia "*want to*", ele pronuncia "*wanna*", assim como a maioria dos nativos. Ele repete "*Do you wanna dance?*" tantas vezes que você vai acabar cantando igual. Mais tarde, sem pensar muito, cada vez que você for falar "*Do you want to*" vai dizer "*Do you wanna*" e isso é uma prova de que você aprendeu a falar corretamente em inglês.

Cantando uma música, você tem um ritmo a seguir. Você precisa cantar na mesma velocidade que o cantor está cantando. E para cantar no ritmo, você acaba juntando as palavras naturalmente. Veja mais sobre como ligar as palavras na Parte D deste livro.

Encontre palavras que rimam

- Toda música tem muitas palavras que rimam. E rimas são muito boas para se aprender inglês, pois você vai percebendo os sons que são iguais. Isso ajuda a melhorar a sua pronúncia. Muitas vezes você não sabe como pronunciar uma determinada palavra, mas ao perceber que ela rima com outra, vai descobrir a pronúncia correta.

Como um mesmo som pode ser escrito em inglês de várias maneiras diferentes, isso vai ajudar você a identificar as várias maneiras de escrever e de falar.

Uma atividade que você pode fazer nesse sentido é imprimir a letra de uma música e ouvi-la várias vezes prestando bastante atenção. Depois sublinhe ou circule as palavras que rimam. E por fim cante.

Veja aqui alguns exemplos:

Our house it has a **crowd**
There's always something happening
And it's usually quite **loud**
Our mum she's so house-**proud**
Nothing ever slows her down
And a mess is not **allowed**
("OUR HOUSE", MADNESS)

Nesse trecho da música "Our House", as palavras *crowd*, *loud*, *proud*, e *allowed* rimam, mostrando três formas diferentes de escrever o mesmo som.

Veja mais um exemplo:

If I was your boyfriend, I'd never let you **go**
I can take you places you ain't never been before
Baby take a chance or you'll never ever ever **know**
I got money in my hands that I'd really like to **blow**
("BOYFRIEND", JUSTIN BIEBER)

Nesse trecho de "Boyfriend", *go*, *know* e *blow* rimam, e vemos duas maneiras diferentes de escrever o mesmo som.

Estudar as rimas é uma excelente maneira de melhorar a sua pronúncia e deixar o seu inglês cada vez melhor.

Tente tirar a letra de uma música

- Hoje em dia é muito fácil você encontrar as letras de música na Internet. Você escreve o título ou até um trecho da letra no Google (*www.google.com*) e acha a letra inteira. Quando nós começamos a aprender inglês isso não existia. Tínhamos que comprar umas revistas que tinham cifras para violão e vinham com a letra da música. E muitas vezes ouvíamos a música e tirávamos a letra sozinhos. Muitas vezes não entendíamos partes da música, mas conseguíamos escrever outras.

Achamos que esse é um bom exercício para você aprender inglês. Ouça a música e tente tirar a letra. Não é uma tarefa fácil. No início é até bem difícil, mas se você fizer constantemente, vai ficar cada vez melhor nisso.

Comece escolhendo canções mais lentas, pois são mais fáceis de entender. Ouça várias vezes e vá escrevendo um pedaço de cada vez. Mais tarde você pode tentar músicas mais rápidas.

Muitas vezes você não entende uma palavra pois não a conhece. Outras vezes você simplesmente não a reconhece pela maneira como é pronunciada ou pela maneira como ela se junta com a palavra que vem antes ou depois dela. Quando não entender, pense no som que está ouvindo e escreva como você acha que aquele som seria escrito. Escreva, mesmo que você não saiba o que significa. Ouça novamente e veja se é aquilo mesmo.

Mesmo que seja difícil, não desista. Insista. Depois de terminar, ache a letra correta na Internet e corrija a sua. Cuidado, pois às vezes as letras na Internet também têm erros.

Você vai perceber que algumas das palavras que você não entendeu são duas palavras combinadas. Ou que o que você achou que era uma palavra era, na realidade, o fim de uma palavra combinada com o início de outra. E assim você vai aprender palavras novas e a juntar sons em inglês.

Além do mais, se você fizer isso bastante, vai perceber que cada vez vai entender mais, e vai ter um sentimento legal de sucesso.

Você pode nos perguntar: "Para que eu vou fazer isso se já posso pegar a letra pronta na Internet?" É porque isso vai ajudar você a aprender mais inglês. Nem sempre o caminho mais fácil é o melhor para o seu aprendizado.

Não desanime! Até nós, que fazemos isso há muito tempo, temos dificuldade às vezes. Muitos nativos têm dificuldade de entender uma palavra ou outra de vez em quando. Se você não acredita, faça um teste tentando tirar letras de música em português e vai ver que nem sempre entende todas as palavras.

Depois cante muito e divirta-se! Experimente, e vai ver uma melhora grande no seu inglês.

Tente cantar uma música impossível de cantar

■ Muita gente nos pergunta que músicas são fáceis de cantar em inglês. Não é uma resposta fácil, pois tudo depende do seu nível de inglês. Se você tem um nível muito iniciante, tudo pode parecer difícil. Nesse caso, normalmente indicamos músicas mais curtas ou mais lentas.

Na realidade, qualquer música que você se proponha a cantar pode ser difícil no começo, mas aos poucos vai ficando menos difícil. Isso depende da sua dedicação a ela.

Por isso, desta vez sugerimos que você experimente cantar uma música que ache impossível de se cantar. E antes de você pensar que nós enlouquecemos, lembre-se de que os desafios nos levam para a frente. Quando tentamos fazer uma coisa muito difícil, e brigamos com ela até conseguirmos, a sensação de sucesso é muito maior.

Quando uma coisa é difícil e a gente tenta fazer, conseguimos. Quando a coisa é considerada impossível, demoramos um pouco mais, mas podemos conseguir também.

A música "Hawaiian Rollercoaster Ride", por exemplo, do filme *Lilo & Stitch 2*, é cantada uma boa parte no idioma nativo do Havaí. É difícil de cantar porque as combinações de sons são muito diferentes para nós e também porque não temos a menor ideia do que estamos dizendo. Você pode achar a música no CD do filme ou na Internet, onde também pode achar a letra completa.

> A wiki wiki mai lohi lohi
> La we mai iko papa he na lu
> Pi'i na nalu la lahalaha
> O ka moana hanupanupa
>
> ("HAWAIIAN ROLLERCOASTER RIDE", DO FILME LILO & STITCH 2)

Tente cantar como uma brincadeira. Se não conseguir, não se desespere. Lembre-se de que dissemos que era uma música impossível de cantar. Se você conseguir cantar pelo menos um pouco, já será uma vitória. Mas é claro que é mais divertido cantá-la inteira.

Tente fazer isso com outras músicas que você considera muito difíceis. Com bastante dedicação e prática, você vai conseguir. E vai ver que, em muitos casos, o impossível não existe.

Cante e não desista diante das dificuldades

■ A nossa vida é cheia de obstáculos. E faz parte dela superarmos esses obstáculos. Quando alguma coisa é difícil e achamos que não vamos conseguir, temos que tentar, tentar e tentar. Uma hora nós vamos chegar lá. Não adianta desistir!

Às vezes você não está mais a fim de fazer algo, ou não gosta mais de alguma coisa. Nesses casos, não há problema nenhum em desistir. Desista e vá fazer outra coisa diferente. O que não pode é desistir porque é difícil. Tudo é difícil no começo, mas com esforço acaba ficando mais fácil. Você consegue até aprender inglês!

Cantar uma música em inglês também pode ser difícil no início. Mas se você se dedicar a ela e cantar muitas e muitas vezes, vai acabar conseguindo.

Mesmo que você já tenha aprendido a cantar muitas músicas em inglês, cada música nova é um novo desafio e apresenta novas dificuldades. Vá em frente e você vai conseguir.

Uma música muito bacana nesse sentido é "Don't Give Up", cantada por Bruno Mars no programa de televisão *Sesame Street* — que você consegue achar no YouTube. Essa música fala da importância de tentar e não desistir.

> Don't give up
> Keep on trying
> You're gonna make it
> I ain't lying
> Don't give up, don't ever quit
> Try and try and you can do it
> Don't give up, yeah
> ("DON'T GIVE UP", BRUNO MARS)

Uma boa música e um bom exemplo a seguir.

Fracassar é bom!

- Há algum tempo lemos esta frase no facebook que adoramos: "Se você quer ter mais sucesso, precisa aumentar o seu número de fracassos".

Fracassar é bom! Fracassar significa que estamos tentando fazer algo novo, ou algo diferente. Quando tentamos fazer algo que nunca fizemos, é normal fracassarmos. Fracassamos uma, duas, três... muitas vezes, até que finalmente temos sucesso. Ou seja, é um sucesso contra muitos fracassos. Mas é assim que se aprende. Quem tem medo de fracassar, não tenta coisas novas e acaba não tendo sucesso. Quando nós acreditarmos nisso, será muito mais fácil aprender.

Para cantar em inglês, o mesmo processo acontece. Você terá vários fracassos até que terá um sucesso. Você vai tentar cantar e não vai conseguir muitas vezes. Até que, finalmente, vai conseguir cantar corretamente. E pode até demorar bastante. Mas se você não tentar, vai sempre cantar errado.

Ninguém consegue acertar de primeira. Se você não passar pelo fracasso, não vai chegar ao sucesso.

O seu objetivo é o sucesso, é claro. Mas fracassar é um bom indicador. Significa que você está tentando. Por isso, não tenha medo de fracassar. Não tenha medo de cantar errado. E, sobretudo, não tenha medo de tentar. Não tenha medo de cantar em inglês só porque acha que pode errar. Erre e aprenda com os seus erros. São eles que vão fazer você cantar bem em inglês um dia!

PARTE B
Músicas para Aprender Conteúdos Específicos

Como achar músicas para praticar o que você está aprendendo

- Cantar ajuda a aprender inglês. O simples fato de você cantar músicas em inglês tentando copiar os sons do original já vai ajudar — e muito — o seu inglês. Quanto mais você cantar, melhor o seu inglês vai ficar. E para isso, você pode cantar qualquer música: a sua música favorita, as músicas do seu cantor favorito ou da sua banda favorita, os hits do momento ou do passado etc.

Outra maneira de você unir o útil ao agradável é procurar músicas que o ajudem a praticar a gramática e o vocabulário que você está estudando no momento, seja na escola ou por conta própria. Você pode procurar músicas que contenham esses elementos.

Entre em um site de buscas, como o Google, digite na caixa de buscas o que você procura entre aspas, o sinal de "+" e a palavra "lyrics" (letra de música em inglês). Por exemplo, se você está estudando o *Simple Present*, digite na caixa de busca coisas como "*He loves*" + *lyrics*. Você pode ainda digitar "*Does he love*" + *lyrics*. Se você está estudando o *Present Perfect*, pode digitar coisas como "*have you ever*" + *lyrics*, "*I have been*" + *lyrics*, ou "*He has been*" + *lyrics*.

Em todos os casos, você vai receber uma série de resultados de letras de música em que aquelas estruturas aparecem. Você pode tentar várias combinações diferentes de palavras e vai encontrar muitas músicas diferentes.

Tendo a letra da música e o título da mesma, você pode tentar baixá-la na Internet ou encontrar o vídeo no YouTube. Nem sempre você vai conseguir, mas se não conseguir uma, tente outras opções.

Você vai encontrar músicas legais e músicas das quais não gosta. Cante as que tiver vontade. Mesmo as músicas que você considera ruins também servem para dar uma treinada no seu inglês. Lembre-se de que, cantando as frases com as estruturas que você está estudando, você acaba fixando-as melhor na sua cabeça. E mais tarde, quando precisar falar em inglês, muitas dessas frases virão à sua mente naturalmente.

Você pode fazer a mesma coisa com o vocabulário que está aprendendo. Coloque na caixa de buscas uma palavra ou expressão que aprendeu e tente achar músicas em que essas palavras aparecem. É uma ótima maneira de aprender como usá-las. Uma das dificuldades em aprender vocabulário novo é que aprendemos as palavras mas não sabemos como usá-las. Nas músicas, as palavras são usadas dentro de um contexto real, e é mais fácil aprendermos e nos lembrarmos delas.

Procurar músicas dessa maneira dá trabalho, mas é divertido. Você vai encontrar músicas famosas em cuja letra você nunca tinha prestado muita atenção. Vai achar também muitas músicas desconhecidas, engraçadas e algumas horrorosas. De qualquer maneira, dá para você se divertir bastante.

Nessa sessão do livro, vamos dar alguns exemplos de como procurar músicas de acordo com um item gramatical. Essa não é uma lista completa nem definitiva. Não citamos todos os tópicos de gramática. A ideia é mostrar como você pode fazer a sua pesquisa de acordo com o que você procura. Além disso, músicas novas surgem a cada dia, e manter uma lista atualizada é uma tarefa impossível.

Além de pesquisar da forma como sugerimos, procure manter os ouvidos sempre atentos, pois quando você menos espera, pode ouvir uma música no rádio ou num CD e reconhecer uma determinada estrutura. Isso é sempre bom!

Pratique o verbo *To Be*

- Muita gente reclama que estuda inglês mas nunca sai do verbo *to be*. Mas saber o verbo *to be* também é muito importante para saber inglês. E tem gente que, mesmo reclamando, ainda erra quando vai usar este verbo.

Errar faz parte do aprendizado. Por isso, se você ainda erra, não há problema. Quanto mais você aprender, menos vai errar. É só praticar bastante. E uma maneira de treinar é cantando.

Escolha uma música de que você goste. Imprima a letra e circule todas as formas do verbo *to be*. Aproveite para analisar o sujeito e o verbo e estudar a conjugação dos verbos.

Depois cante. Na hora de cantar, não precisa ficar se preocupando com a gramática. Apenas cante a música muitas vezes. Com o tempo, você vai decorando a letra e automaticamente vai internalizando o uso do verbo *to be*.

Aqui estão apenas alguns exemplos de músicas em que o verbo *to be* aparece.

> I **am** what I **am**
> And what I **am** needs no excuses
> ("I AM WHAT I AM", GLORIA GAYNOR)

PRATIQUE O VERBO TO BE

You **are** the sun
You **are** the rain
That makes my life this foolish game
("YOU ARE", LIONEL RITCHIE)

He'**s** a man. He'**s** just a man
And I've had so many men before
In very many ways
He'**s** just one more
("I DON'T KNOW HOW TO LOVE HIM", DO MUSICAL **JESUS CHRIST SUPERSTAR**)

She'**s** my girl
When the sun goes down
When the moon comes up
When the light is off
("SHE IS MY GIRL", MORRIS ALBERT)

It'**s** beautiful
You could turn mistakes to miracles
The way that you still love me after all
It'**s** beautiful
("IT'S BEAUTIFUL", DE ELEVENTYSEVEN)

We **are** the world
We **are** the children
We **are** the ones who make a brighter day

So let's start giving

("WE ARE THE WORLD", USA FOR AFRICA)

And they'**re** all in love
And they'**re** all in love

("THEY ARE ALL IN LOVE", THE WHO)

Nesses exemplos, o verbo *to be* está sempre no presente. Procurando, você encontra muitos outros exemplos desse verbo, nos outros tempos verbais.

Músicas para praticar o *Simple Present*

- Vamos supor que você esteja querendo praticar o presente simples em inglês. Você já sabe que no presente usamos o *s* na terceira pessoa do singular. Você pode, por exemplo, fazer uma busca no Google, escrevendo na caixinha de busca: "he lives" + lyrics.

Você vai encontrar diversas letras de música em que essas palavras aparecem. Depois de encontrar a letra da música, pelo título ou pelo cantor você pode procurar a gravação. No caso desse exemplo, uma das músicas que achamos é:

He **lives** in you
He **lives** in me
He **watches** over
Everything we see

("HE LIVES IN YOU", DO MUSICAL **THE LION KING**)

Note que mesmo procurando por *he lives*, acabamos encontrando um exemplo com outro verbo, *he watches*. Isso é normal de acontecer.

Você sabe que no presente se forma a negativa com *doesn't*. Você pode então escrever na caixinha de busca do Google: "doesn't live" + lyrics. Aqui está uma das músicas que você vai achar:

She **doesn't live** here anymore
She's off and she's gone
("SHE DOESN'T LIVE HERE ANYMORE", ROXETTE)

Você pode procurar perguntas no presente, escrevendo, por exemplo: "does he love" + lyrics. E vai encontrar músicas como:

But **does he love** you like he loves me?
Does he think of you when he's holding me?
("DOES HE LOVE YOU", REBA MCENTIRE)

Vá substituindo os verbos por outros e vai encontrar uma enorme quantidade de músicas. Há muito material para você aprender inglês enquanto canta.

Músicas para praticar o *Simple Past*

- Música é um gosto muito pessoal. Achamos sempre melhor você cantar músicas das quais goste, com os cantores de que você goste. Nós podemos achar que uma música é ótima para aprender inglês e você achar a música chata e não querer cantá-la. É uma questão de gosto.

Mas de qualquer maneira, aqui vão algumas sugestões.

As músicas do cantor Barry Manilow são um pouco antigas, mas são muito boas para aprender inglês. "Copacabana", por exemplo, é divertida e ao mesmo tempo triste, pois conta uma história de amor que acabou em tragédia. Ela é supergostosa de cantar, não é rápida demais e é fácil de aprender. Além disso, tem muitos verbos no passado e por isso é boa para aprender um pouco de gramática e pronúncia. A maioria dos verbos na música são regulares, o que é excelente para você treinar a pronúncia correta do *ed* que vai no final desses verbos, que é um problema para os brasileiros. Muita gente tem dificuldade em pronunciar os verbos regulares no passado. Embora eles terminem sempre em *ed*, não se pronuncia o *e* do *ed*. (Veja o capítulo sobre a pronúncia do *ed* na Parte D deste livro para mais detalhes.) Se você prestar bastante atenção à música e imitar o jeito de Barry Manilow cantar, vai acabar cantando certo e vai começar a "sentir" a maneira certa de falar os verbos regulares no passado. Além disso, há alguns verbos irregulares também:

And while she **tried** to be a star, Tony always **tended** bar
Across the crowded floor, they **worked** from 8 till 4
They **were** young and they **had** each other
("COPACABANA", BARRY MANILOW)

A música "Yesterday" dos Beatles também tem verbos no passado, tanto regulares quanto irregulares, e também é ótima para cantar, pois é lenta e serve para quem está iniciando e também para quem já tem um domínio maior do inglês.

Yesterday, all my troubles **seemed** so far away
...
Suddenly, I'm not half to man I **used** to be
...
Oh, yesterday **came** suddenly
("YESTERDAY", THE BEATLES)

Uma ideia é você selecionar uma música de que goste, imprimir a letra e circular todos os verbos no passado. Ouça a música várias vezes enquanto lê a letra, prestando bastante atenção à pronúncia desses verbos. Depois comece a cantar, sempre procurando imitar a pronúncia dos cantores. Em pouco tempo você estará cantando a música muito bem.

Para achar outras músicas com verbos no passado, faça uma pesquisa no Google. Por exemplo, escreva na caixinha de buscas coisas como:

"I loved" + lyrics
"She began" + lyrics

Aqui estão alguns resultados que você pode encontrar:

But **I loved** her first and I held her first
And a place in my heart will always be hers
("I LOVED HER FIRST", HEARTLAND)

She began to die
Indiana that's not right

Indiana that's not right
Then **she began** to fight
Indiana make it mine
("INDIANA", MEG & DIA)

Tentando outras combinações de letras, você vai encontrar muito mais coisas.

Músicas para praticar o *Present Perfect*

■ A música "I Still Haven't Found What I'm Looking For" do U2 (que faz parte da trilha sonora do filme *Runaway Bride*, com Julia Roberts) é ótima para se praticar o Present Perfect.

A música não é nova, mas é sempre boa de ouvir e de cantar. A maioria dos verbos da música estão no Present Perfect. Note, porém, que há um erro na música. Eles cantam *I have broke* quando o correto é *I have broken*. Como já dissemos antes, nativos também erram.

I **have climbed** highest mountain
I **have run** through the fields
...
I **have run**, I **have crawled**
I **have scaled** these city walls
...
But I still **haven't found** what I'm looking for
("I STILL HAVEN'T FOUND WHAT I'M LOOKING FOR", U2)

O Present Perfect é um dos tempos verbais mais temidos pelos estudantes de inglês, porque não existe equivalente em português. Quando a pessoa tenta traduzir para o português na hora de estudar, acaba não entendendo, pois em português se fala de outra forma. Por esse motivo, é importante sempre pensar em inglês, sem traduzir.

Outros exemplos de músicas com o *Present Perfect* são:

I'**ve paid** my dues time after time
I'**ve done** my sentence
But **committed** no crime
("WE ARE THE CHAMPIONS", QUEEN)

Have I **told** you lately that I love you?
Have I **told** you there's no one else above you?
("HAVE I TOLD YOU LATELY THAT I LOVE YOU", ROD STEWART)

I'**ve** never **known** a girl like you before
Now just like in a song from days of yore
("A GIRL LIKE YOU", EDWYN COLLINS)

Have you ever **loved** somebody so much it makes you cry?
Have you ever **needed** something so bad you can't sleep at night?
Have you ever **tried** to find the words but they don't come out right?
Have you ever? Have you ever?
("HAVE YOU EVER", BRANDY)

Cantando músicas como essas em inglês, a estrutura vai ficando na sua cabeça e na hora em que você precisar ela vai sair. E você vai usar o Present Perfect naturalmente.

Uma coisa interessante é que se você perguntar a um nativo que não seja professor de inglês o que é o Present Perfect, a maioria deles não saberá explicar. Mas eles o usam normalmente em suas conversas. Eles sabem usar, mas não sabem explicar por quê. Aprenderam a usar usando.

Cantando em inglês você também vai aprender a usar usando!

Músicas para praticar o *Present Perfect Continuous*

- Se você está estudando ou já estudou o *Present Perfect Continuous*, sabe que a estrutura é *have/has + been + verb + ing*. Para você encontrar músicas com esse tempo verbal, digite, por exemplo, na caixa de buscas do Google:

    "I've been sleeping" + lyrics
    "I've been working" + lyrics
    "haven't been eating" + lyrics

    Você vai encontrar músicas como:

    I'**ve been holding** out so long
    I'**ve been sleeping** all alone
    Lord, I miss you
    I'**ve been hanging** on the phone

I'**ve been sleeping** all alone

I want to kiss you

("MISS YOU", ROLLING STONES)

It's been a hard day's night

And I'**ve been working** like a dog

("A HARD DAY'S NIGHT", THE BEATLES)

And then I said,

I **haven't been eating** chicken or meat or anything

And you said,

Yes, but you'**ve been wearing** leather

("I WAS HOPING", ALANIS MORISSETTE)

Refinando a sua procura e escolhendo verbos diferentes, você consegue montar uma seleção de músicas que têm o mesmo tempo verbal. Assim, cantar vai ajudar o seu estudo de gramática. E fazer você aprender muito mais.

Músicas para praticar o *First Conditional*

- Como já dissemos antes, encontrar uma música que use uma determinada estrutura gramatical não é difícil, mas requer um pouco de tempo para procurar. Você só precisa de paciência e vai acabar descobrindo muitas músicas interessantes.

Para começar, você precisa ter uma ideia de como a estrutura funciona. Por exemplo, para encontrar músicas com o primeiro condicional, você precisa da palavra *if*, do sujeito e de um verbo no presente. Aqui estão alguns exemplos de palavras que você pode usar na busca quando entrar no Google:

"if I go" + lyrics
"if you go" + lyrics
"if he has" + lyrics

Com essas palavras, e outras que você pode ir tentando, você vai conseguir descobrir muitas letras de música. A partir daí, pode tentar achar a música no YouTube ou em algum outro site que disponibilize músicas. Escolha as que você mais goste e cante. Aqui vão algumas ideias:

If you leave me now
You'll take away the biggest part of me
Ooh, ooh, ooh, ooh, no, baby, please don't go
("IF YOU LEAVE ME NOW", CHICAGO)

If you're lost you can look, and **you will find** me
Time after time
If you fall I will catch you – I'll be waiting
Time after time
("TIME AFTER TIME", CYNDI LAUPER)

Don't take your love away from me
Don't you leave my heart in misery

If you go, then **I'll be** blue
Cause breaking up is hard to do
("BREAKING UP IS HARD TO DO", THE CARPENTERS)

Mudando o sujeito e o verbo na caixa de procura, você encontra muitas outras variações e músicas diferentes também. Depois é só cantar e praticar.

Músicas para praticar o *Second Conditional*

■ Existem muitas músicas que usam o segundo condicional. Você pode praticar essa estrutura cantando qualquer uma delas. Pode começar procurando a letra da música no Google, e depois de encontrá-la, procure a música no YouTube ou em um CD. Para procurar, basta digitar a estrutura na caixinha de busca do Google. Você pode escrever coisas como:

"if I were" + lyrics
"if I had" + lyrics
"if I went" + lyrics
"if you had" + lyrics

O verbo depois da palavra *if* precisa estar sempre no passado para ser uma estrutura de segundo condicional. Você pode substituir o verbo por outro, e pode usar outros pronomes pessoais (*he, she, they* etc.). Você pode encontrar muitas músicas diferentes, conhecidas ou não. Pode ser que goste das músicas ou não. Escolha as que mais gostar e cante.

Aqui vão apenas alguns exemplos:

If we were a movie
You'd be the right guy
And **I'd be** the best friend
That you fall in love with in the end

("IF WE WERE A MOVIE", HANNAH MONTANA)

If you were gay, **that'd be** OK
I mean 'cause, hey, **I'd like** you anyway
Because you see, **if it were** me.
I would feel free to say that I was gay
(But I'm not gay)

("IF YOU WERE GAY", DO MUSICAL **AVENUE Q**)

And **if I could be** king, even for a day,
I'd take you as my queen
I'd have it no other way
And **our love would rule**
This kingdom we had made

("CHANGE THE WORLD", ERIC CLAPTON)

If you had my love and **I gave** you all my trust
Would you comfort me?
And **if** somehow **you knew** that your love would be untrue
Would you lie to me and call me baby?

("IF YOU HAD MY LOVE", JENNIFER LOPEZ)

Uma coisa importante de se notar é que embora o correto gramaticalmente seja a estrutura *If I were*, é muito comum ouvir as pessoas dizendo *If I was*. No inglês falado no dia a dia a estrutura informal é muito usada. Por esse motivo, você vai encontrá-la muito em músicas também. Você pode cantar e usar nas suas conversas diárias, mas lembre-se de que quando for escrever ou fazer um teste, você precisa usar a estrutura correta gramaticalmente.

Na cerimônia de entrega do Tony Awards de 2012 o apresentador, o talentosíssimo Neil Patrick Harris, cantou uma música maravilhosa sobre como a vida poderia ser igual ao teatro, uma música perfeita para treinar o segundo condicional. A música se chama "What if Life Were More Like Theater", e você consegue encontrar o vídeo dela no YouTube.

Além de a música ser muito divertida, é ótima para praticar *if clauses*. Você vai cantar, rir e aprender inglês ao mesmo tempo. Depois de repetir tantas vezes "*If life were...* ", "*If life were...* ", "*If life were...* ", vai ficar muito mais fácil você se lembrar na hora de falar. Essa é uma grande vantagem de usar músicas para treinar inglês.

Músicas para praticar o *Third Conditional*

- O terceiro condicional tem a estrutura *If I had done this, I would have...* Você pode procurar músicas com essa estrutura, escrevendo na caixinha de busca do Google coisas como:

    "would have" + lyrics
    "could have" + lyrics

"should have" + lyrics

"If I had" + lyrics

Para você encontrar as músicas, precisa experimentar diversas combinações de palavras. Quanto mais específico você for, mais fácil será encontrar uma música com a estrutura que você procura. No caso do exemplo, encontramos as músicas a seguir:

I should have changed that stupid lock
I should have made you leave your key
If I had known for just one second
You'd be back to bother me
("I WILL SURVIVE", GLORIA GAYNOR)

If I had known the way that this would end,
If I had read the last page first,
If I had had the strength to walk away,

If I had known how this would hurt,
I would've loved you anyway
("I WOULD'VE LOVED YOU ANYWAY", TRISHA YEARWOOD)

Depois é só cantar e praticar!

Aprenda a fazer perguntas em inglês cantando

■ Muita gente que já fala inglês bem ainda tem dificuldades em formular perguntas. Fazer perguntas em inglês requer mudar a ordem das palavras e incluir verbos auxiliares, e muitos se atrapalham nessa hora. Por isso, quanto mais prática, melhor. Você precisa repetir a estrutura muitas e muitas vezes até ela ficar gravada na sua cabeça.

Você só pode dizer que sabe falar inglês bem quando consegue falar uma frase sem ter que pensar muito antes. A frase tem que sair naturalmente.

Cantar também é ótimo para internalizar a formação de perguntas em inglês. Você pode procurar músicas que tenham perguntas na letra. Cantando a mesma música muitas e muitas vezes, as frases acabam ficando gravadas na nossa memória e quando vamos falar elas vêm inteiras à nossa boca. E nós falamos muito mais naturalmente e com mais fluência como resultado disso.

Há várias músicas com perguntas na letra. Aqui estão alguns exemplos:

Listen
Do you want to know a secret?
Do you promise not to tell?
Whoa oh, oh
("DO YOU WANT TO KNOW A SECRET?", THE BEATLES)

Is this the real life?
Is this just fantasy?

Caught in a landslide
No escape from reality
("BOHEMIAN RHAPSODY", QUEEN)

Does he know what you feel?
Are you sure that it's real, yeah?
Does he ease your mind?
Or does he break your stride?
("GIRLFRIEND", NSYNC)

Procurando, você acha muitas outras músicas com perguntas. Depois de encontrar uma música de que goste, circule ou sublinhe as perguntas que aparecem. Analise as perguntas, veja em que tempo verbal estão. Isso é uma boa oportunidade para você dar uma revisada na gramática.

Cante as músicas muitas vezes. Há várias músicas que têm perguntas na letra, com tempos verbais diferentes. É um bom treino para fazer perguntas em inglês. Se você cantar bastante, as perguntas acabam saindo mais facilmente da sua boca na hora em que você for falar.

Não se preocupe em entender todas as palavras. Se não entender, cante assim mesmo. Se houver tempos verbais que você ainda não aprendeu, também não há problema nenhum. Vá cantando. Tudo vai ajudar o seu inglês a ficar melhor. E quem sabe você coloca para fora o artista que existe dentro de você!

Músicas para praticar perguntas negativas

- Existem muitas perguntas negativas em inglês, que são mais difíceis de se formar, pois além de se inverter a posição do verbo, precisa-se fazê-lo na negativa.

Para encontrar músicas com esse tipo de pergunta, você pode buscar no Google coisas como:

"Isn't she" + lyrics
"Don't you" + lyrics
"Doesn't she" + lyrics

Aqui estão algumas das músicas que você pode encontrar:

Isn't she lovely?
Isn't she wonderful?
Isn't she precious?
Less than one minute old
("ISN'T SHE LOVELY", STEVIE WONDER)

Don't, don't you want me?
You know I can't believe it when I hear that you won't see me
Don't, don't you want me?
You know I don't believe you when you say that you don't need me
("DON'T YOU WANT ME", HUMAN LEAGUE)

But **don't you remember? Don't you remember?**
The reason you loved me before
Baby, please remember me once more
("DON'T YOU REMEMBER", ADELE)

Does she or doesn't she?
Well, I wanna know
Does she, well baby, I wanna know
Does she or doesn't she?
I need to know
("DOES SHE OR DOESN'T SHE", BLACK 'N BLUE)

Há uma enorme quantidade de músicas para todos os gostos musicais. E qualquer uma que você cante vai ser boa para melhorar o seu inglês. Claro que quanto mais músicas diferentes você cantar, melhor será para você.

Músicas para praticar o futuro com *Will* e *Going to*

■ Existem diferentes maneiras de se expressar o futuro em inglês. Você pode, por exemplo, usar *will* ou *going to*.

Escrevendo na caixinha de busca do Google estruturas com *will*, aqui estão alguns resultados:

"will be" + lyrics

"will kiss" + lyrics
"will go" + lyrics

Come stop your crying, **it will be** all right
Just take my hand, hold it tight
I will protect you from all around you
I will be here don't you cry
("YOU'LL BE IN MY HEART", PHIL COLLINS)

I'll be there to comfort you,
Build my world of dreams around you
I'm so glad that I found you
I'll be there with a love that's strong
I'll be your strength, **I'll keep** holding on
("I'LL BE THERE", JACKSON FIVE)

Close your eyes and **I'll kiss** you,
Tomorrow **I'll miss** you;
Remember **I'll** always **be** true.
("ALL MY LOVING", THE BEATLES)

We'll stay forever this way
You are safe in my heart
And **my heart will go** on and on
("MY HEART WILL GO ON", CELINE DION)

Você pode ainda procurar músicas usando o *going to future*.

"going to go" + lyrics
"going to say" + lyrics

E aqui estão alguns resultados:

Tonight I think **I'm going to go** downtown
Tonight I think **I'm going to look** around
For something I couldn't see
When this world was more real to me
Yeah tonight I think **I'm going to go** downtown
("TONIGHT I THINK I'M GOING TO GO DOWNTOWN", JIMMIE DALE GILMORE)

Can't you see?
That when I tell you that I love you, oh
You're going to say you love me, too
And when I ask you to be mine
You're going to say you love me, too
("I SHOULD HAVE KNOWN BETTER", THE BEATLES)

I'm never **going to fall** in love again
Fall in love
I'm never **going to fall** in love
I mean it
Fall in love again
("I'LL NEVER FALL IN LOVE AGAIN", TOM JONES)

Tente outras combinações de palavras e vai encontrar muitas outras músicas.

Músicas para praticar o *Future Perfect*

- O *Future Perfect* tem a estrutura *will have + past participle*. Para encontrar músicas com esse tempo verbal, digitamos na caixa de busca no Google:

"will have been" + lyrics
"will have loved" + lyrics

Alguns dos resultados encontrados são:

Ah, it's only love
Ah, it's only love
Ah, if only love comes round again
It will have been worth the ride
("IT'S ONLY LOVE", SHERYL CROW)

I might never see you again
But I'll get along cause I'll always know
Tomorrow will have been just like today
Tomorrow will have been
("TOMORROW", INFORMATION SOCIETY)

So long before we end this night
I will have held you
I will have kissed you
I will have claimed you
You will be mine
("YOU WILL BE MINE", FAITH HILL)

Não importa se a estrutura é mais simples ou mais complexa, você sempre consegue encontrar alguma música para praticá-la. Quanto melhor você cantar, melhor ainda vai falar.

Músicas para praticar *Indirect Questions*

■ Músicas com perguntas indiretas podem ser encontradas se você procurar estruturas como:

"Do you know if" + lyrics
"Do you know where" + lyrics
"Can you tell me where" + lyrics

Aqui estão alguns exemplos de músicas que você vai conseguir achar:

Do you know if it's true that real love lasts a lifetime?
Does it shine like the stars up in the sky?
And **do you know if you can fall** for just a moment?

Is a moment for all time?
Why, why am I so unsure?
("COULD THIS BE LOVE", JENNIFER LOPEZ)

She said...
Hey! **Do you know where you're coming from?**
Hey! **Do you know** now **where you're going to?**
She said...
Hey! Have you been somewhere you've never ever been before?
("DO YOU KNOW WHERE YOU'RE COMING FROM", JAMIROQUAI)

Has anybody here seen my old friend John?
Can you tell me where he's gone?
("ABRAHAM, MARTIN AND JOHN", DION)

Com um pouco de paciência, você vai encontrar muito mais.

Músicas para praticar o *Past Continuous*

- O *Past Continuous* é formado com o verbo *to be* no passado mais o verbo principal seguido de *ing*. Você pode procurar músicas com essa estrutura experimentando vários verbos diferentes. Alguns exemplos de buscas no Google são:

    "were leaving" + lyrics
    "was walking" + lyrics
    "was talking" + lyrics

E aqui estão alguns dos resultados que você vai encontrar.

You were leaving at 12:00
I was leaving at 12:02
And that ain't cool
("PANTS ON FIRE", KANDI)

He was walking her home
And holding her hand
Oh the way she smiled
It stole the breath right out of him
("WALKING HER HOME", MARK SCHULTZ)

The sun comes up and I'm all washed out
Is this what **Deaner was talking** about?
And I do not think I will ever return again, my friend
("WHAT DEANER WAS TALKING ABOUT", ASH)

Veja que, como já dissemos antes, muitas vezes você procura um verbo, mas acaba encontrando outros e consegue praticar muito mais.

Músicas para praticar *Modals*

- Utilizar os chamados *modals* pode ser um desafio para quem está aprendendo inglês. Eles são mais do que simples verbos auxiliares, pois cada um tem um significado próprio. Com o estudo e com a prática, você consegue entender o sentido de cada um e aprender a usá-los dentro de um contexto correto.

As músicas podem ajudá-lo nesse sentido. Procure músicas usando buscas do tipo:

"might be" + lyrics
"must be" + lyrics

Aqui estão alguns dos resultados que você pode encontrar:

Something's telling me **it might be** you
Yeah, it's telling me **it must be** you
And I'm feeling it'll just be you
All of my life...
("IT MIGHT BE YOU", STEPHEN BISHOP)

It must be love, love, love
It must be love, love, love
Nothing more, nothing less
Love is the best
("IT MUST BE LOVE", MADNESS)

Às vezes uma busca dessas resulta num resultado que não é exatamente o que você procura. Por exemplo, digitamos no Google a procura:

"may like" + lyrics

Uma das músicas que encontramos foi:

Just like a morning
In May like this
See the heather on the hill
("STEAL MY HEART AWAY", VAN MORRISON)

Note que nessa música, embora apareçam as palavras *May like*, a palavra *May* é o mês do ano, não o verbo modal. Isso é normal de acontecer e você precisa saber selecionar os resultados que não servem para a sua pesquisa.

Músicas para praticar *Past Modals*

■ Para praticar *Past Modals* aqui estão alguns exemplos de pesquisas:

"could have come" + lyrics
"might have been" + lyrics
"must have left" + lyrics

Alguns resultados encontrados são:

You could have come over to my side
You could have let me know
You could have tried to see the distance between us
But it seemed too far for you to go
("DO YOU REMEMBER", PHIL COLLINS)

It must have been love but it's over now
It must have been good but I lost it somehow
("IT MUST HAVE BEEN LOVE", ROXETTE)

I try not to think about **what might have been**.
'Cos that was then and we have taken different roads
("WHAT MIGHT HAVE BEEN", LITTLE TEXAS)

I must have left my house at eight because I always do
My train I'm certain left the station just when it was due
I must have read the morning paper going into town
And having gotten through the editorial no doubt **I must have frowned**
("THE DAY BEFORE YOU CAME", ABBA)

Procurando, você vai encontrar muitas outras músicas com essa estrutura. Mesmo que você não goste das músicas, vale a pena cantá-las, nem que seja só para praticar o seu inglês. Muitas vezes você não gosta de uma música a princípio, mas depois de ouvi-la algumas vezes acaba gostando um pouco. E pode acontecer de você descobrir muitas músicas novas de que possa gostar.

Músicas para praticar *Used to*

- Praticar a estrutura *used to* vai ajudar você não só na gramática, mas também na sua pronúncia, pois o *e* da palavra *used* não é pronunciado. Cantando, fica mais fácil de aprender, pois você precisa seguir a métrica da música.

Você pode achar muitas músicas simplesmente pesquisando por "used to" + lyrics.

Alguns exemplos de músicas são:

This used to be my playground
This used to be my childhood dream
This used to be the place I ran to
Whenever I was in need of a friend
("THIS USED TO BE MY PLAYGROUND", MADONNA)

I used to love her
But I had to kill her
I had to put her six feet under
And I can still hear her complain
("I USED TO LOVE HER", GUNS 'N ROSES)

Guess that I don't need that though
Now you're just somebody that **I used to know**
("SOMEBODY I USED TO KNOW", GOTYE)

And I spent, oh, so many nights just feeling sorry for myself
I used to cry, but now I hold my head up high
("I WILL SURVIVE", GLORIA GAYNOR)

Muitas vezes, quando você fizer esse tipo de busca vai encontrar músicas que você já conhecia ou que já tinha escutado alguma vez, mas em cujas letras você nunca tinha prestado muita atenção. Procurar músicas por ponto gramatical ajuda você a ficar mais atento. Com o tempo, você vai ouvir músicas e reconhecer estruturas do inglês.

Músicas para praticar *Wish*

■ Quando usamos o verbo *wish* para desejar que uma situação fosse diferente, usamos o verbo no passado. Portanto, para procurar músicas, podemos experimentar verbos diferentes no passado, como por exemplo:

"I wish I could" + lyrics
"I wish I knew" + lyrics
"I wish I had" + lyrics

Aqui estão alguns dos resultados possíveis de músicas com *wish*:

I wish I knew how it would feel to be free
I wish I could break all the chains holding me
I wish I could say all the things that I should say
("I WISH I KNEW HOW IT WOULD FEEL TO BE FREE", NINA SIMONE)

Another Saturday night and I ain't got nobody
I've got some money 'cause I just got paid

Now, how **I wish I had** someone to talk to
I'm in an awful way
("ANOTHER SATURDAY NIGHT", CAT STEVENS)

I wish I knew how I'm gonna be happy without you
I don't know what I'm supposed to do
("WISH", LIGHTHOUSE FAMILY)

Existem muitas músicas com essa estrutura. Experimente colocar outros verbos e vai encontrar uma grande variedade de músicas.

Músicas para praticar superlativos

- Para praticar superlativos, faça uma procura no Google usando os superlativos de alguns adjetivos. Por exemplo:

    "the most beautiful" + lyrics
    "the most wonderful" + lyrics
    "the biggest" + lyrics

    Could you be **the most beautiful** girl in the world?
    It's plain to see you're the reason that God made a girl
    ("THE MOST BEAUTIFUL GIRL IN THE WORLD", PRINCE)

    It's **the most wonderful** time of the year
    With the kids jingle-belling

And everyone telling you
Be of good cheer
("THE MOST WONDERFUL TIME OF THE YEAR", ANDY WILLIAMS)

Let's not wait till the water runs dry
We might watch our whole lives pass us by
Let's not wait till the water runs dry
We'll make **the biggest** mistake of our lives
("WATER RUNS DRY", BOYZ II MEN)

  Só o fato de você escrever palavras na caixa de busca já é uma boa prática para o seu inglês, porque você precisa pensar nas estruturas corretas para pesquisar. Você procura músicas para praticar o seu inglês ao mesmo tempo em que estuda. E assim une o útil ao agradável.

PARTE C
Atividades Práticas

Brinque com a língua

- Brincar com o idioma é uma excelente maneira de aprender a falar. À medida em que brincamos com as palavras, o nosso domínio sobre a língua vai melhorando. Nos sentimos mais seguros e confiantes para falar inglês.

    Nesta sessão, apresentamos algumas ideias para você começar a brincar com letras de música. Damos algumas sugestões de como mudar palavras e alterar o sentido da letra. Essas ideias são pontos de partida para você criar as próprias brincadeiras. Tente ser criativo. Tente inventar e improvisar. Além de você se divertir, vai descobrir novas possibilidades para o seu inglês.

Mude os pronomes de uma música

- Uma maneira de brincar com a letra de uma música é mudar os pronomes. Você pode mudar o sujeito e os objetos das frases e criar uma série de variações divertidas.

    Veja, por exemplo, a música "Honey, Honey" do conjunto Abba, e que está na trilha sonora do musical *Mamma Mia*.

    > Honey, honey, how you thrill me, ah-hah
    > Honey, honey
    > Honey, honey, nearly kill me, ah-hah
    > ("HONEY, HONEY", ABBA)

    Mude o pronome *you* para *he*. Consequentemente, você vai ter que mudar o verbo também. A música vai ficar:

Honey, honey, how **he thrills** me, ah-ha
Honey, honey
Honey, honey, nearly **kills** me, ah-ha

Na continuação da música há a seguinte frase:

I heard about you before

Quando você substituir os pronomes e chegar nessa frase, vai cantar:

I heard about **him** before

Depois mude o pronome *he* para *she*. A música vai ficar:

Honey, honey, how **she thrills** me, ah-ha
Honey, honey
Honey, honey, nearly **kills** me, ah-ha

Em vez de "I heard about *him* before" você vai cantar "I heard about *her* before".

Mude o pronome para *they*.

Honey, honey, how **they thrill** me, ah-ha
Honey, honey
Honey, honey, nearly **kill** me, ah-ha

Em vez de "I heard about *her* before" você vai cantar "I heard about *them* before".

Como pode ver, há uma grande variedade de combinações que você pode formar. Depois disso, cante a versão original e cante as suas versões. Se encontrar uma gravação da música em karaokê, isso vai ficar ainda mais divertido. E você vai ao mesmo tempo, quase que sem perceber, praticando a gramática em inglês.

Mude o tempo verbal de uma música

■ Outra sugestão para brincar com a letra de uma música é mudar o tempo verbal. Por exemplo, se a música for no presente, você pode mudá-la para o passado ou para o futuro. Nem sempre a letra da música dá certo em outro tempo verbal, mas muitas vezes o resultado é muito bom.

Selecione a música que você quer usar. Você pode usar uma música inteira, ou somente um pedaço dela. Sublinhe ou circule todos os verbos. Depois comece a mudar os tempos verbais. Note que você vai precisar mudar outras palavras para que se encaixem na nova letra da música.

Aqui vai um exemplo com a música "Like a Prayer" cantada por Madonna. A letra original é:

> Life is a mystery, everyone must stand alone
> I hear you call my name and it feels like home
> When you call my name, it's like a little prayer
> I'm down on my knees, I wanna take you there

In the midnight hour, I can feel your power
Just like a prayer, you know I'll take you there
("LIKE A PRAYER", MADONNA)

Nessa música a maioria dos verbos estão no presente. Vamos ver como a música fica se mudarmos os verbos para o passado:

Life **was** a mystery, everyone **had to** stand alone
I **heard** you call my name and it **felt** like home
When you **called** my name, it **was** like a little prayer
I **was** down on my knees, I **wanted** to take you there
In the midnight hour, I **could** feel your power
Just like a prayer, you **knew** I**'d take** you there

Experimente fazer a mesma coisa com o resto da música. Depois escolha outras músicas e faça o mesmo. Você vai se divertir e fazer um bom estudo de gramática ao mesmo tempo. Que tal depois juntar os amigos e fazer um karaokê de músicas com a letra modificada? Vai ser um sucesso!

Transforme uma música num diálogo

- Outra ideia para brincar com a letra de uma música é transformá-la em um diálogo. Você pode imaginar que o cantor está conversando com alguém. A letra da música pode ser as falas do cantor. Você pode inventar as frases que a outra pessoa está falando e ainda usar a sua imaginação e criar coisas engraçadíssimas.

ATIVIDADES PRÁTICAS

Escolha a música que você vai usar. Aprenda a cantá-la da maneira como sugerimos anteriormente. Depois de saber cantar a música bem, comece a brincar com a sua letra. Escreva a letra da música deixando espaços entre as linhas para escrever as falas das outras personagens. Vá usando a sua imaginação para fazer um diálogo que faça sentido. Não é fácil! Dá um pouco de trabalho, mas o esforço vale a pena.

Veja, por exemplo, a música a seguir:

Don't, don't you want me?
You know I can't believe it when I hear that you won't see me
Don't, don't you want me?
You know I don't believe you when you say that you don't need me
("DON'T YOU LOVE ME", HUMAN LEAGUE)

Que tal imaginarmos um diálogo em que o casal está brigando?

JOHN: Don't, don't you want me?
MARY: No, I don't. Can't you understand that?
JOHN: You know I can't believe it when I hear that you won't see me.
MARY: Believe me, John. I will never see you again!
JOHN: Don't, don't you want me?
MARY: I've already told you. I don't love you, I don't want you and I don't need you anymore.
JOHN: You know I don't believe you when you say that you don't need me!
MARY: Good bye, John!

Essa é apenas uma ideia. Vá em frente e crie as suas.

Mude o sujeito de uma música

- Esse é um outro tipo de atividade para você brincar com as palavras, cantar, se divertir e trabalhar a sua gramática em inglês. Mudar o sujeito da música ajuda você a trabalhar a concordância do sujeito com o verbo.

Veja, por exemplo, a música a seguir:

> It's been a hard day's night, and I've been working like a dog
> It's been a hard day's night, I should be sleeping like a log
> But when I get home to you I find the things that you do
> Will make me feel alright
> ("A HARD DAY'S NIGHT", THE BEATLES)

O sujeito da música é *I*. E os verbos concordam com esse sujeito. Vamos ver como a música ficaria se mudássemos o sujeito para *John*.

> It's been a hard day's night, and **John's been** working like a dog
> It's been a hard day's night, **he should** be sleeping like a log
> But when **he gets** home to you **he finds** the things that you do
> Will make **him** feel alright

Além de mudar o sujeito para *John*, temos que mudar os verbos *have* para *has*, *get* para *gets*, *find* para *finds*, e os pronomes *I* para *he*, e *me* para *him*. E esse é apenas um trecho da música.

Podemos fazer a mesma coisa mudando o sujeito para *Mary*. A música ficaria assim:

It's been a hard day's night, and **Mary's been** working like a dog
It's been a hard day's night, **she should** be sleeping like a log
But when she gets home to you **she finds** the things that you do
Will make **her** feel alright

Poderíamos usar um sujeito no plural e dizermos *Bob and Sue*. A música ficaria assim:

It's been a hard day's night, and **Bob and Sue have been** working like a dog
It's been a hard day's night, **they should be** sleeping like a log
But when **they get** home to you **they find** the things that you do
Will make **them** feel alright

Existem muitas possibilidades e muitas músicas que você pode usar para fazer essa brincadeira. Depois de criar a sua versão, cante a versão original e a nova. Será que as sua não ficou ainda melhor do que a original?

Passe palavras de uma música para o plural

- Passar palavras de uma música para o plural é uma maneira diferente de brincar com a letra da música e praticar a concordância. Para se passar uma palavra para o plural, outras mudanças são necessárias e você trabalha a sua gramática e o seu vocabulário.

Veja, por exemplo, este trecho:

Oh yeah, I'll tell you something
I think you'll understand
When I say that something
I want to hold your hand
I want to hold your hand

("I WANT TO HOLD YOUR HAND", THE BEATLES)

Podemos passar algumas palavras para o plural mudando *something* para *some things*. E podemos usar *hands* ao invés de *hand*. Nesse caso, vamos ter que mudar a palavra *that* para *those*, uma mudança que é necessária para a concordância ficar correta. E a música vai ficar assim:

Oh yeah, I'll tell you **some things**
I think you'll understand
When I say **those things**
I want to hold your **hands**
I want to hold your **hands**

Você pode fazer isso com outras músicas. Talvez não consiga fazer essas mudanças com qualquer música, mas sempre há uma maneira de você transformar a letra original e criar a sua. E brincando com as palavras você vai aumentando o seu domínio sobre o inglês.

Passe palavras de uma música para o singular

■ Assim como a ideia do capítulo anterior, você pode mudar palavras de uma música do plural para o singular, fazendo as mudanças necessárias para a concordância dar certo. Veja, por exemplo, este trecho:

> Oh, every time I close my eyes
> I see my name in shining lights
> Yeah, a different city every night
> Oh, I swear the world better prepare
> For when I'm a billionaire
>
> ("BILLIONAIRE", BRUNO MARS)

Mudando *eyes* para *eye* e *lights* para *light*, você vai precisar colocar o artigo *a* antes de *shining light*.

> Oh, every time I close my **eye**
> I see my name in **a shining light**
> Yeah, a different city every night
> Oh, I swear the world better prepare
> For when I'm a billionaire

Você pode fazer mudanças grandes ou mudanças pequenas. Depende da música e depende da sua inspiração no momento. Experimente com outras músicas e veja o que a sua criatividade pode fazer.

Trabalhar com a criatividade também é uma questão de prática. No começo pode ser mais difícil, mas quanto mais você fizer, mais fácil vai ficando. Quantas pessoas não ganham a vida fazendo versões e paródias de músicas dos outros? Quem sabe você acaba fazendo isso também?

Brinque com comparativos e superlativos

- Já demos exemplos anteriormente de como encontrar músicas com superlativos. Aqui vai uma ideia de como brincar com as letras e praticar comparativos e superlativos ainda mais.

Veja, por exemplo, a música "The Best", de Tina Turner. O refrão da música diz:

> You're simply the best
> Better than all the rest
> Better than anyone
> Anyone I ever met
>
> ("THE BEST", TINA TURNER)

Que tal trocarmos os adjetivos da música? *The best* é o superlativo de *good* e *better than* é o comparativo desse mesmo adjetivo. Se você trocar *good* por *bad*, por exemplo, o comparativo é *worse than* e o superlativo é *the worst*. Experimente cantar a música usando essas palavras. Ela ficaria assim:

> You're simply **the worst**
> **Worse than** all the rest

Worse than anyone

Anyone I ever met

Se formos usar um adjetivo mais longo, por exemplo, *beautiful*, o comparativo seria *more beautiful* e o superlativo *the most beautiful*. Experimente cantar assim:

You're simply **the most beautiful**

More beautiful than all the rest

More beautiful than anyone

Anyone I ever met

Imagine quantas variações diferentes da mesma música você pode criar. Basta trocar o adjetivo e se divertir. Você pode criar coisas engraçadíssimas que vão ajudar a praticar os comparativos e superlativos de uma maneira dinâmica e diferente.

Mude o vocabulário de uma música

- Mudar a letra de uma música também é uma ótima maneira de trabalhar o seu vocabulário. Você pode praticar diferentes palavras e ir expandindo o seu vocabulário. Isso pode ser muito divertido e vai ser ótimo para o seu inglês.

Veja, por exemplo, a música "She Loves You" dos Beatles. O refrão da música é:

She loves you, yeah, yeah, yeah
She loves you, yeah, yeah, yeah
She loves you, yeah, yeah, yeah, yeah
("SHE LOVES YOU", THE BEATLES)

Você pode substituir o verbo *love* por outro, por exemplo, *hate*.

She **hates** you, yeah, yeah, yeah
She **hates** you, yeah, yeah, yeah
She **hates** you, yeah, yeah, yeah, yeah

Você pode usar qualquer verbo que quiser. *Love* é um verbo de apenas uma sílaba, mas você pode usar verbos mais longos e se divertir tentando encaixá-los dentro da métrica da música. Você pode criar coisas como:

She **studies English**, yeah, yeah, yeah
She **studies English**, yeah, yeah, yeah
She **studies English**, yeah, yeah, yeah, yeah

She **does the homework**, yeah, yeah, yeah
She **does the homework**, yeah, yeah, yeah
She **does the homework**, yeah, yeah, yeah, yeah

Enquanto você canta versões diferentes da música, você vai se divertir, praticar o vocabulário e ainda treinar o *Simple Present*. Tudo isso vai contribuir para o seu inglês ficar cada vez melhor.

Mude os adjetivos de uma música

■ Há muitas maneiras de você brincar com a letra de uma música, se divertir e treinar o seu vocabulário. Uma delas é trocar os adjetivos da música. Veja, por exemplo, o trecho a seguir:

> All the leaves are brown and the sky is gray
> I've been for a walk on a winter's day
> I'd be safe and warm if I was in LA
> ("CALIFORNIA DREAMING", THE MAMAS AND THE PAPAS)

Você pode usar adjetivos diferentes e mudar totalmente o sentido da música. Por exemplo:

> All the leaves are **green** and the sky is **blue**
> I've been for a walk on a winter's day
> I'd be **quiet** and **happy** if I was in LA

Você pode fazer combinações variadas. Não precisa haver lógica e nem há necessidade de a letra ser realista. Que tal esta versão?

> All the leaves are **purple** and the sky is **black**
> I've been for a walk on a winter's day
> I'd be **exhausted** and **hungry** if I was in LA

Tudo isso é brincadeira, mas vai ajudar você a praticar o seu vocabulário. Escolha a música que você preferir. Quantas versões diferentes você consegue fazer?

Inclua palavras numa música

■ Colocar palavras a mais na letra de uma música é um desafio interessante. E desafiarmos a nós mesmos é uma maneira de vencer barreiras e progredir sempre. Você pode, por exemplo, incluir adjetivos e advérbios, que modificam ligeiramente o sentido da frase. Pode tentar incluir outros substantivos e ir aumentando o comprimento dos versos.

O mais difícil de cantar uma música com palavras a mais é conseguir cantar dentro da métrica, sem sair do ritmo. Para conseguir isso, você precisa tentar reduzir as formas fracas (como artigos, preposições, pronomes e verbos auxiliares) ao máximo e trabalhar bem a fluência e a articulação das palavras, procurando sempre ser compreensível. Isso é um exercício que será muito útil para o seu inglês falado.

Você pode fazer uma competição consigo mesmo, em que vai cantando a música diversas vezes, acrescentando uma palavra ou expressão nova a cada rodada. Até onde você consegue chegar?

Veja este exemplo:

Summer has come and passed
The innocent can never last
Wake me up when September ends
("WAKE ME UP WHEN SEPTEMBER ENDS", GREEN DAY)

Vamos tentar incluir uma palavra nova em cada verso e ver como podemos transformar essa letra:

Summer has come and **quickly** passed
The innocent **man** can never last
Please wake me up when September ends

Numa segunda rodada podemos incluir uma palavra a mais por verso e deixar a música assim:

Summer has come and **very quickly** passed
The **poor** innocent **man** can never last
Please wake me up when September **finally** ends

E que tal incluirmos mais uma palavra por verso?

Summer has **quickly** come and **very quickly** passed
The **poor old** innocent **man** can never last
Please wake me up **again** when September **finally** ends

Aqui vai mais um exemplo, com outra música:

The sun goes down
The stars come out
And all that counts is here and now
My universe will never be the same

I'm glad you came
("GLAD YOU CAME", THE WANTED)

Exemplos de palavras que podem ser adicionadas são adjetivos, advérbios, conjunções ou outras palavras que você conseguir acrescentar. A música poderia ficar assim:

The **yellow** sun goes down
The **bright** stars come out
And all that counts **for me** is here and now
My universe will never be the **exactly** same
I'm **really** glad you came

Tentando adicionar mais palavras, podemos deixar a música assim:

The **warm yellow** sun goes down
The **very bright** stars come out
And all that counts **for me** is **right** here and **right** now
My **whole** universe will never be **exactly** the same
I'm **really** glad you came **back**

Será que conseguimos cantar a música com a nova letra sem fugir da métrica? Só saberemos se tentarmos. E se tentarmos de verdade, vamos conseguir, sim.

Desafios são importantes para o nosso progresso. Desafie-se sempre! Mesmo que pareça difícil a princípio, uma hora você consegue.

ATIVIDADES PRÁTICAS

Fale a letra de uma música

- Depois de aprender a cantar uma música, tente dizer a letra dela falando, e não cantando. Tente fazer isso da maneira mais natural possível, como se estivesse mesmo conversando com alguém. Depois de saber cantar, isso vai ser razoavelmente fácil.

Imagine que está contando a história da música para alguém.

Pegue, por exemplo, a música "River Deep, Mountain High". Nessa música a cantora está contando uma história sobre a infância dela:

> When I was a little girl I had a rag doll
> Only doll I've ever owned
> Now I love you just the way I loved that rag doll
> But only now my love has grown
> ("RIVER DEEP, MOUNTAIN HIGH", IKE E TINA TURNER)

Primeiro aprenda a cantar. Depois de conseguir cantar bem, fale como se você estivesse conversando com alguém. Quando conseguir falar a letra de uma maneira natural, tente falar outras vezes, trocando algumas palavras por outras. Assim você vai aumentando o seu repertório em inglês.

Por exemplo, substitua *girl* por *boy* e *rag doll* por *blue ball*:

> When I was a little **boy** I had a **blue ball**
> Only **ball** I've ever owned
> Now I love you just the way I loved that **blue ball**
> But only now my love has grown

Depois substitua *blue ball* por *cat*:

When I was a little **boy** I had a **cat**
Only **cat** I've ever owned
Now I love you just the way I loved that **cat**
But only now my love has grown

E continue, contando variações da mesma história. Quem sabe você consiga inventar versões divertidas da música? E se divertir é muito importante no processo de aprendizado.

Faça isso com outras músicas que escolher. É uma atividade criativa que vai ajudar muito no seu aprendizado de inglês.

Cante um texto com uma melodia conhecida

- Brincar com a língua ajuda a aprendê-la ainda mais. Nós fazemos isso em português e nos divertimos muito. Às vezes mudamos a letra de uma música, ou fazemos uma versão modificada em tom de brincadeira. Hoje em dia o YouTube está cheio de vídeos mostrando pessoas que mudam a letra de uma música e fazem a sua versão. Essa ideia pode ajudar você a aprimorar o seu inglês e a treinar gramática e vocabulário, por exemplo.

Escolha uma frase que você esteja estudando. Pode ser até um texto completo, ou uma estrutura gramatical. Escolha uma música de que goste e use a melodia da música para cantar a sua frase. Cante muitas vezes. Cante o dia inteiro, se quiser. Isso vai ajudar você a se lembrar daquela frase.

Uma brincadeira que nós costumávamos fazer com os nossos alunos era treinar a estrutura "*Have you ever been to_____?*" com a melodia da música "Glory, Glory, Hallelujah". A letra original é:

Glory, Glory, Hallelujah
Glory, Glory, Hallelujah
Glory, Glory, Hallelujah
His truth is marching on
("GLORY, GLORY, HALLELUJAH", CANÇÃO TRADICIONAL)

Nós cantávamos a mesma melodia usando a seguinte letra:

Have you ever been to Boston?
Have you ever been to Boston?
No, I've never been to Boston
But I'm going there some day

Depois íamos trocando a palavra *Boston* por nomes de outras cidades, estados e países. Era divertido e fazia os alunos fixarem bem a pergunta na cabeça.

Você pode usar a mesma melodia para praticar a estrutura com outros verbos, como, por exemplo:

Have you ever eaten frog legs?
Have you ever eaten frog legs?

No, I've never eaten frog legs.
But I'm going to eat them some day

    Você pode fazer a mesma coisa com qualquer frase e qualquer melodia de que goste. Use a sua imaginação e criatividade. Isso é divertido e ajuda muito a melhorar o seu inglês.

PARTE D
Melhorando a Pronúncia

As diferenças básicas entre os sons do português e do inglês

- Todo mundo sabe que português e inglês são idiomas diferentes e que, portanto, têm sons diferentes. Mas quais são esses sons? Neste capítulo vamos mostrar quais sons são diferentes em inglês e português, e quais são mais problemáticos para brasileiros falando ou cantando em inglês.

  Alguns sons são iguais, ou parecidos o suficiente para não causarem problemas para nós, brasileiros. Nestas tabelas, colocamos como o som é normalmente escrito em cada língua, embora vá aqui o aviso: em inglês, a escrita é bastante errática, e, portanto, essas tabelas são só uma referência simplificada, que não vai enquadrar todas as possibilidades. Colocamos, também, o símbolo fonético, que serve só para os iniciados e pode ser ignorado se não fizer sentido.

Sons iguais ou bastante semelhantes no português e no inglês:

- Consoantes

INGLÊS	COMO É ESCRITO	PORTUGUÊS	COMO É ESCRITO
/p/ **p**en	p	/p/ **p**ai	p
/b/ **b**oy	b	/b/ **b**ola	b
/t/ **t**en	t	/t/ **t**eto	t
/d/ **d**ay	d	/d/ **d**edo	d

SONS IGUAIS OU BASTANTE SEMELHANTES NO PORTUGUÊS E NO INGLÊS:

/k/ cat	c, k, ck	/k/ carro	c
/g/ get	g	/g/ gato	g, gu
/f/ phone	f, ph	/f/ foca	f
/v/ van	v	/v/ vaso	v
/ʃ/ shoe	sh	/ʃ/ chato	x, ch
/ʒ/ usual	s, g	/ʒ/ jarra	j, g
/m/ man	m	/m/ mão	m
/n/ now	n	/n/ não	n
/l/ life	l	/l/ loja	l
/s/ see	s, c, sc	/s/ são	s, ss, x, sc
/z/ zoo	z, s, x	/z/ zangão	z, s, x

■ Vogais

INGLÊS	COMO É ESCRITO	PORTUGUÊS	COMO É ESCRITO
/e/ ten	e entre consoantes e no início da palavra	/e/ mês	e
/u:/ food	oo	/u/ urna	u
/ɔ/ door	o, oo	/ɔ/ olhos	o, ó
/ɑ/ car	a seguido de r	/ɑ/ casa	a
/eɪ/ day	ay, ai	/eɪ/ meio	ei
/aɪ/ pie	i, ie	/aɪ/ pai	ai
/ɔɪ/ boy	oi, oy	/ɔɪ/ dói	oi, ói
/aʊ/ down	ou, ow	/aʊ/ nau	au
/oʊ/ no	o, ou, ow	/oʊ/ vou	ou

107

Sons que existem no inglês mas não no português

■ Consoantes

SOM	COMO É ESCRITO
/tʃ/ **ch**air	ch
/dʒ/ **J**im	j, g, dg
/ŋ/ si**ng**	ng, n antes de g e k
/h/ **h**ouse	h
/r/ ca**r**	r
/w/ **w**in	w
/y/ **y**es	y
/θ/ **th**ree	th
/ð/ **th**e	th

■ Vogais

SOM	COMO É ESCRITO
/i:/ m**ee**t	ee, ea, ie, ei
/ɪ/ p**i**n	i entre consoantes e no início da palavra
/æ/ c**a**t	a entre consoantes e no início da palavra
/ʊ/ b**oo**k	oo, u
/ʌ/ c**u**t	u
/ə/ **a**bout	vogais átonas
/ɜr/ b**ir**d	ir, er, ur

Sons que existem no português mas não no inglês

■ **Consoantes**

SOM
/ɲ/ linha
/λ/ olho
/R/ barro
/ɾ/ aro

■ **Vogais**

SOM	
/i/ imã	/ã/ irmã
/ɛ/ esta	/õ/ onde
/o/ olho	/ĩ/ linda
/ɐ/ banana	/ẽ/ sente
/ɛɪ/ geleia	/ũ/ junto
/oɪ/ oi	/ãɪ/ mãe
/uɪ/ cuidado	/ẽɪ/ ninguém
/iu/ tio	/õɪ/ questões
/eu/ meu	/ãu/ estão
/ɛu/ Téo	

Como usar as dicas de pronúncia

- Nos capítulos a seguir, você verá dicas de pronúncia para ajudá-lo tanto a falar como a cantar em inglês com mais facilidade e com um sotaque melhor. As dicas foram organizadas por sons ou características da língua inglesa que achamos mais problemáticas para brasileiros. Não há uma ordem específica a ser seguida — você pode consultar as dicas de acordo com as suas necessidades pessoais, e fazer os exercícios que achar mais importantes.

    Incluímos exercícios com palavras isoladas e com trechos de músicas. Aconselhamos que use um espelho no começo, para poder verificar se a posição da sua boca e da sua língua está de acordo com a recomendação do capítulo.

    Para trabalhar com os trechos de música, recomendamos que use a música como modelo. A música pode ser facilmente encontrada no YouTube. Primeiro, leia a letra e identifique os sons a serem trabalhados. Depois, encontre a música e o trecho em foco. Toque o trecho uma vez e preste atenção ao som a ser trabalhado. Toque a música outra vez e cante junto, baixinho, tentando acompanhar o ritmo e produzir o som certo. Toque então o trecho quantas vezes forem necessárias para cantar junto com facilidade.

    Pode ser trabalhoso a princípio, mas o trabalho com os sons vai fazer tanto o seu inglês falado como o cantado soar muito melhor!

Como pronunciar o TH em inglês

- Existem dois sons que correspondem às letras TH em inglês. Um deles é surdo, ou seja, produzido sem vibração das cordas vocais. É o som encontrado nas palavras **th**ief, too**th**, ma**th**ematics, por exemplo. O brasileiro tende a confundi-lo com outros sons surdos que se aproximam, como S, F ou T. O outro som do TH é sonoro, ou seja, produzido com vibração das cordas vocais. É encontrado em palavras muito comuns, como **th**e, **th**is, **th**at, wi**th**, toge**th**er, mo**th**er, fa**th**er etc. A tendência do brasileiro é pronunciar esse TH como se fosse D. Esses são erros comuns que podem ser facilmente corrigidos!

Não existe correspondente ao som do TH do inglês no português, mas ele pode ser facilmente produzido. Para pronunciar o TH corretamente, coloque a língua para fora, mordendo-a levemente com os dentes, como se você imitasse alguém com língua presa dizendo:

salsa – cinto – insossa – massa

Este é o mesmo TH surdo de:

thorn – both – athlete

Para produzir o TH sonoro, use o mesmo procedimento. Imite alguém de língua presa e diga:

zona – zigue-zague – casas azuis

E você estará pronunciando correto o som de:

these – this – other – brother

Pratique falar os THs nestes versos de músicas:

Some**th**ing in **th**e way she knows
And all I have to do is **th**ink of her
Some**th**ing in **th**e **th**ings she shows me
("SOMETHING", THE BEATLES)

I'd ra**th**er be at home wi**th** Ray
...
Cause **th**ere's no**th**ing, **th**ere's no**th**ing you can teach me
That I can't learn from Mr. Ha**th**away
("REHAB", AMY WINEHOUSE)

I **th**ought you were good
...
Compared to **th**e o**th**ers
You're **th**e best **th**ing I had
("GANG BANG", MADONNA)

L final e antes de consoantes

- Na maioria das regiões do Brasil, o L final ou antes de um som de consoante é pronunciado como U. Dizemos *Braziu, aneu, mauvado* etc. Quantas pessoas têm até problemas para diferenciar *mal* de *mau* porque a pronúncia é a mesma?

Em inglês, no entanto, o L é sempre pronunciado como uma consoante, com a língua curvada para trás e a ponta atrás dos dentes de cima. Fale "LA" e veja onde a língua toca o céu da boca. Repita várias vezes de olhos fechados, prestando bastante atenção a esse ponto. Depois fale o mesmo som, sem pronunciar o A. Arredonde mais a língua. Essa é a mesma posição da língua para o L final ou antes de uma consoante.

Pratique estas palavras:

L final: Brazil – tell – still – all – angel – girl – goal – will

L antes de consoante: self – told – help – old – fault – else – world – twelve

Pratique o som de L nestes trechos de música, tentando pronunciá-lo como uma consoante:

But then they sent me away to teach me how to be sensible
Logical, responsible, practical
And they showed me a world where I could be so dependable
Clinical, intellectual, cynical
("LOGICAL SONG", SUPERTRAMP)

You say you want a revolution
Well, you know
We all want to change the world
You tell me that it's evolution

We**ll**, you know
We a**ll** want to change the world
("REVOLUTION", THE BEATLES)

I'm saying a**ll** the things I know you'**ll** like
...
Let's get physica**l**, physical
I wanna get physica**l**, let's get into physical
("PHYSICAL", OLIVIA NEWTON-JOHN)

A diferença entre a pronúncia do L no inglês e no português fica mais nítida quando a palavra terminada em L é seguida de uma vogal. Em português, dizemos:

O *Braziu* é um *incríveu* ambiente.

Em inglês, se diz:

Brazi l-is a wonderfu l-environment.

e as terminações se juntam com os inícios das palavras, formando sílabas como *lis* e *len*.

Diga estas frases em inglês, ligando o L final à primeira vogal das palavras.

peop**le a**re strange (peopa – lar)

beautiful and smart (beautifu – lan)
full or empty (ful – lor)

Pratique agora estes trechos de música, ligando o L à vogal seguinte:

Will I be pretty, will I be rich

("QUE SERA, SERA", DORIS DAY)

People are people so why should it be
You and you should get along so awfully

("PEOPLE ARE PEOPLE", DEPECHE MODE)

If I don't get anything all I need is you here right now
And I'm sorry if I hurt you
But I know that all I want is you (this Christmas)
All I want is you (this Christmas)
All I want is you this Christmas

("ALL I WANT IS YOU", JUSTIN BIEBER)

Uma advertência: o L não é pronunciado em *should*, *would*, *walk* e *talk*!

M e N finais e antes de consoantes

■ O M e o N finais ou antes de consoantes em português não são pronunciados como consoantes, mas como a nasalização da vogal que seguem. Por exemplo, nas palavras *também*, *estavam*, *antes*, *emprego*, *onda* e *índio*, as letras M e N não são pronunciadas como consoantes — elas apenas acrescentam um til à vogal que as precede, fazendo com que elas soem como *tãbẽ*, *estavã*, *ẽprego*, *õda* e *ĩdio*.

Já em inglês, M e N são sempre pronunciados como consoantes. Vamos trabalhar um som de cada vez. Para produzir o M em inglês, prepare sua boca para falar a palavra *mãe*, mas pare no m... Percebe como os seus lábios fecham? Esse movimento é sempre necessário para produzir o M em inglês. Pratique com estas palavras, sempre fechando os lábios no final.

co**m**e – fro**m** – a**m** – drea**m**

Faça o mesmo com o M em posição medial nas palavras:

co**m**fort – i**m**pression – a**m**bition – co**m**puter

Para produzir o N em inglês, comece a dizer a palavra *não* e pare no n... A língua deve encostar na parte de trás dos dentes superiores. É nessa posição que você deve colocar a língua em inglês sempre que pronunciar a letra N no final e no meio das palavras também. Pratique estas palavras:

o**n**e – te**n** – su**n** – wi**n**
e**n**d – u**n**forgettable – u**n**happy – i**n**visible

Nas palavras *come* e *one* anteriores, há um *e* final mudo, o que é muito comum e não muda a pronúncia do M ou N anterior.

Um fato muito importante a ser lembrado: não há vogais nasais em inglês!

Pratique os sons de M e N nestes trechos de música, tentando pronunciá-los como consoantes:

She was **m**ore like a beauty quee**n**
From a movie sce**ne**
I said: Don't mi**n**d, but what do you mea**n**
I a**m** the o**ne**
("BILLIE JEAN", MICHAEL JACKSON)

I'**m** lucky I'**m** i**n** love with my best frie**n**d
Lucky to have bee**n** where I have bee**n**
Lucky to be co**m**ing ho**m**e agai**n**
("LUCKY", JASON MRAZ)

So**m**ewhere over the rai**n**bow
Way up high
And the drea**m**s that you drea**m** of
O**n**ce i**n** a lullaby
("SOMEWHERE OVER THE RAINBOW", ISRAEL KAMAKAWIWO'OLE)

Do you co**m**e fro**m** a la**n**d dow**n** u**n**der?
Where wo**m**e**n** glow and **m**e**n** plunder?
Can't you hear, can't you hear the thunder?
You better ru**n**, you better take cover.
("DOWN UNDER", MEN AT WORK)

Como pronunciar o NG em inglês

- Em inglês, muitas palavras terminam em NG, incluindo todos os verbos no gerúndio. Juntas, essas letras produzem um som só, que é como um N pronunciado atrás, no fim da garganta. Prepare a boca para falar G, mas ao invés de G, com a língua atrás, tente falar um som nasal como N. O importante é que o G não é pronunciado!

Pratique estas palavras:

si**ng** – so**ng** – bri**ng** – thi**ng** – wro**ng**

Pratique o som no meio das palavras, ainda sem pronunciar o G:

si**ng**ing – bri**ng**ing – si**ng**er – ri**ng**ing

Agora pratique o som de NG nestas letras de música. Atenção: Quando em uma letra de música se escreve a palavra com apóstrofe no lugar do G, como em singin', doin' etc., o som final é pronunciado N, e não NG.

Si**ng**, si**ng** a so**ng**
Si**ng** out loud
Si**ng** out stro**ng**
Si**ng** of good thi**ng**s not bad
Si**ng** of happy not sad

("SING", THE CARPENTERS)

You, doi**ng** that thi**ng** you do
Breakin' my heart into a million pieces
Like you always do
("THAT THING YOU DO", THE WONDERS)

I'm si**ng**i**ng** in the rain
Just si**ng**i**ng** in the rain
What a glorious feelin'
I'm happy again
("SINGING IN THE RAIN", GENE KELLY)

Knowi**ng** me, knowi**ng** you, ah hah
There's nothi**ng** we can do
Knowi**ng** me, knowi**ng** you, ah hah
("KNOWING ME, KNOWING YOU", ABBA)

There's nothi**ng** wro**ng** with me lovi**ng** you baby no no
And givi**ng** yourself to me can never be wro**ng**
If the love is true
("LET'S GET IT ON", MARVIN GAYE)

A diferença entre o R e o H em inglês

■ A letra R em português apresenta pronúncias diferentes dependendo da região de onde você é. Em inglês, o som dessa letra se assemelha ao R do português do interior de São Paulo, e é produzido com a língua puxada para trás, e não com a ponta para a frente como em português.

Tentando imitar um falante do interior de São Paulo, então, pratique estas palavras com R:

really – red – right
arm – bird – heart
bread – cry – dry – tree – throne – prove – gray
better – your – far – near

Uma dificuldade para brasileiros é não confundir o R inicial com o H. Em inglês, o H inicial é quase sempre pronunciado e se assemelha ao R inicial do português, mas sem nenhuma fricção na garganta. Lembrando como se pronuncia o R inicial, praticado no exercício anterior, tente produzir estes pares, prestando bastante atenção à diferença entre R e H. Não se preocupe com o significado das palavras. Este é apenas um exercício para praticar a diferença entre os sons!

rat – hat
red – head
right – height
rose – hose
rim – him
ram – ham
rut – hut

Agora pratique só o som do **H**:

human – **h**eart – **h**ere – **h**urt – **h**ouse
~~wh~~o – ~~wh~~ose
un**h**appy – in**h**ibition

Atenção! O H inicial é mudo nestas palavras:

hour – honest – heir – honor

Pratique estas letras de música com os sons de R e H:

Hold on, to me as we go
As we **r**oll down this unfamilia**r r**oad
And although this wave is st**r**inging us along
Just know you'**re** not alone
Cause I'm going to make this place you**r h**ome
("HOME", PHILLIP PHILLIPS)

Bless you**r** soul, you've got you**r h**ead in the clouds
...
And boy she's bringing you down
She made your **h**ea**r**t melt but you'**re** cold to the co**re**
Now **r**umo**r h**as it she ain't got you**r** love anymo**re**
("RUMOR HAS IT", ADELE)

You're insecure, don't know what fo**r**
You're tu**r**ning **h**eads when you walk through the doo**r**
Don't need make up to cove**r** up
Being the way you a**re** is enough

("THAT'S WHAT MAKES YOU BEAUTIFUL", ONE DIRECTION)

Do you **r**eally want to **h**u**r**t me
Do you **r**eally want to make me c**r**y
P**r**ecious kisses wo**r**ds that bu**r**n me
Love**r**s neve**r** ask you why

("DO YOU REALLY WANT TO HURT ME", CULTURE CLUB)

O som de /rl/

■ Uma das combinações de sons mais difíceis do inglês talvez seja o RL. Não tente pronunciar os dois sons de uma só vez. Comece isolando cada som e pronunciando lentamente. Lembre-se de pronunciar o R como se faz no interior de São Paulo, com a língua dobrada para trás, e o L também com a língua para trás, sem fazer biquinho. Tente:

RRRR-LLLL

A boa coisa é que o número de palavras com essa combinação é pequena. A má notícia é que há palavras muito comuns nessa lista, como *world* e *girl*. Pratique estas palavras, separando os sons:

GI-R-L

WO-R-L-D

Pratique estas letras de música:

Is there anybody going to listen to my story
All about the girl who came to stay?
She's the kind of girl you want so much
It makes you sorry
Still, you don't regret a single day
Ah girl
Girl
("GIRL", THE BEATLES)

A whole new world
A dazzling place I never knew
But when I'm way up here, it's crystal clear
That now I'm in a whole new world with you
Now I'm in a whole new world with you
("A WHOLE NEW WORLD", DO DESENHO **ALADDIN**)

Who run the world? Girls! [x4]
Who run this motha? Girls! [x4]
Who run the world? Girls! [x4]
("WHO RULE THE WORLD", BEYONCÉ)

Oh, she used to be a pea**rl**, oh
Yeah, she used to rule the wo**rl**d, oh
Can't believe, she's become a shell of herself
'Cause she used to be a pea**rl**

("PEARL", KATY PERRY)

Os sons [p], [t], [k] em inglês

■ Os sons de [p], [t] e [k] do inglês são muito parecidos com os do português, com uma pequena exceção: quando esses sons aparecem em sílaba tônica ou em posição inicial, eles são aspirados. Em outras palavras, são pronunciados juntos com um pequeno sopro de ar. Para os nativos, é esse sopro a principal diferença entre P e B, T e D, e K e G. Portanto, embora seja uma diferença pequena, é bem importante.

Para conseguir produzir essa aspiração, é fundamental ouvi-la primeiro e tentar reproduzi-la. Procure estas músicas no YouTube e preste atenção aos trechos indicados.

Candy, **c**andy, **c**andy I **c**an't let you go
...
Candy, **c**andy, **c**andy I **c**an't let you go
Life is **c**razy

("CANDY", IGGY POP)

Toucha **t**oucha **t**oucha **t**ouch me, I wanna be dirty
Thrill me chill me fulfill me

Creature of the night.

("TOUCHA TOUCHA TOUCHA TOUCH ME", DO MUSICAL **THE ROCKY HORROR SHOW**)

Where my **p**arty, **p**a–**p**arty
Party, **p**a–**p**arty **p**eople at?
Where my **p**arty, **p**a–**p**arty
Party, **p**a–**p**arty **p**eople at?

("PARTY PEOPLE", FERGIE AND NELLY)

Agora pratique estas letras de música, adicionando um sopro às consoantes em negrito:

Yeah, yeah, well, **k**eep the **p**rice **t**ag and **t**ake the **c**ash back
Just give me six strings and a half stack
And you can **k**eep the **c**ars, leave me the garage
And all I, yes, all I need are **k**eys and gui**t**ars

("PRICE TAG", JESSIE J)

Say amen
There he goes again
Sweet and undefeated
And an awesome **t**en for **t**en
Folks lined up
Just to watch him flex
And this **p**erfect **p**ackage

125

Packed a **p**air of **p**retty **p**ecs

("ZERO TO HERO", DO DESENHO **HERCULES**)

Take me out to the ball game,

Take me out with the **c**rowd.

Buy me some **p**eanuts and **C**racker Jack

I don't **c**are if I never get back

("TAKE ME OUT TO THE BALL GAME", EDWARD MEEKER)

Come a-running down your stairs

Come a-running down your stairs

Come a-running down your stairs, **P**retty **P**eggy-O

Come a-running down your stairs

Combing back your yellow hair

You're the **p**rettiest darned girl I ever seen-io.

("PRETTY PEGGY-O", BOB DYLAN)

A diferença entre T e CH, D e G

■ No capítulo anterior, vimos como os sons P, T e K são aspirados em algumas posições em inglês. Como não temos essa aspiração em português, tendemos a confundir o que ouvimos com uma fricção: a da língua contra o céu da boca, e que produz os sons "tch" e "dg". Diga a palavra *tia*. Na maioria das regiões do Brasil, o som de T nessa palavra é diferente do som nas palavras *tato*, *tua*, *tempo* e *tomar*. A mesma coisa acontece com o D de *dia*, que soa diferente do que nas palavras *dedo*, *doente*, *dado* e *duro*. Quando as letras T e D vêm antes de I, em português elas ganham um "chiado", e se tornam "tch" e "dg".

Em inglês, no entanto, isso não ocorre. O T e o D não têm seus sons modificados antes do som de I, e é importante atentarmos para não seguirmos a regra do português e sim a do inglês.

Pratique estas palavras em inglês, tomando cuidado para não dizer "dg":

different – **d**ecision – **d**ictionary – **d**emon – **d**ictate – **d**ivision – **d**id

Agora pratique estas palavras, lembrando de aspirar o T mas sem dizer "tch":

teacher – two – team – tea – tears – tease – twelve – teen

Pratique estas letras de música com a palavra *teacher*:

Cuz **teacher** there are things that I don't want to learn
("TEACHER", GEORGE MICHAEL)

Hey, **teacher**, leave those kids alone
("ANOTHER BRICK IN THE WALL", PINK FLOYD)

T-T-**teacher** stop that screamin'
Teacher don't you see?
Don't wanna be no uptown fool

Maybe I should go to hell
But I am doing well
Teacher needs to see me after school

("HOT FOR TEACHER", VAN HALEN)

Agora pratique estes trechos prestando atenção às palavras destacadas.

Got a **different** way of walkin'
I got a **different** kind of smile
I got a **different** way of talkin'

("I'M DIFFERENT", RANDY NEWMAN)

Picture me upon your knee,
With **tea** for **two** and **two** for **tea**

("TEA FOR TWO", DORIS DAY)

Sixteen, **sixteen**, **sixteen** minutes left better get it done
Sixteen, **sixteen**, **sixteen** more minutes get ready, game on!
Sixteen, **sixteen**, **sixteen** minutes left, runnin' out of **time**
Sixteen, **sixteen**, **sixteen** more minutes seconds on the line
Sixteen, **sixteen**, **sixteen** minutes left, better get it done
Sixteen, **sixteen**, **sixteen** more minutes **till** we're number one!

("NOW OR NEVER", DO FILME **HIGH SCHOOL MUSICAL**)

Your momma **told** you that
You're not supposed to **talk** to strangers

Look in the mirror, **tell** me
Do you think your life's in danger here?
No more **tears**
No more **tears**
No more **tears**
No more **tears**

("NO MORE TEARS", OZZY OSBOURNE)

Os sons F e V finais

■ Os sons F e V não representam problemas para os brasileiros quando aparecem antes de uma vogal, mas às vezes podem ser difíceis de pronunciar no final das palavras. Como não há muitas consoantes finais em português, temos a tendência de "apoiar" o F e o V finais do inglês em um "i" que não deveria existir e que dá um sotaque bastante carregado ao falante.

O F e o V finais devem ser somente um sopro produzido com os dentes de cima apoiando no lábio inferior. Pratique os sons individualmente, sem colocar nenhuma vogal depois deles:

FFFFFFFFFFFFF
VVVVVVVVV

Agora pratique estas palavras:

if – tou**gh** – lau**gh** – o**ff**
lo**ve** – arri**ve** – lea**ve** – li**ve** – mo**ve**

Atenção: A palavra *of* é pronunciada com V final!

Quando a palavra termina em F ou V final e a próxima palavra começa com uma vogal, os sons se juntam. Pratique estas expressões:

move it (mu – vit)
if I (i – fai)
of all (â – vol)
laugh about (le – fabaut)
live in (li – vin)

Pratique estas letras de música com F e V finais, ligando-os às vogais que os seguem:

I like to move it, move it
I like to move it, move it
I like to move it, move it
We like to... move it!
("I LIKE TO MOVE IT", WILL.I.AM)

Have a little faith in me
Have a little faith in me
Have a little faith in me
Have a little faith in me
("HAVE A LITTLE FAITH IN ME", BON JOVI)

If **I** were a boy
I think I could understand
How it feels to lo**ve a** girl
I swear I'd be a better man

("IF I WERE A BOY", BEYONCÉ)

Agora pratique estas letras com F e V finais, sem colocar nenhuma vogal depois deles:

Lift o**ff**, takin' my coat o**ff**
Showin' my tattooes, I'm such a showo**ff**
I feel the pain and then rolled o**ff**
I got the whole city, they about to go o**ff**

("LIFT OFF", JAY-Z AND KANYE WEST)

Lo**ve**, lo**ve**, lo**ve**
Lo**ve**, lo**ve**, lo**ve**
Lo**ve**, lo**ve**, lo**ve**
...
All you need is lo**ve**

("ALL YOU NEED IS LOVE", THE BEATLES)

Make 'em lau**gh**
Make 'em lau**gh**
Don't you know everyone wants to lau**gh**

("MAKE 'EM LAUGH", DO MUSICAL **SINGING IN THE RAIN**)

Como pronunciar as consoantes finais

■ Na maioria das regiões do Brasil só pronunciamos duas consoantes finais: S e R. Você pode dizer "Mas temos palavras com L, M, N e Z finais também!" É verdade, mas estamos nos referindo a sons, não letras. O Z final é pronunciado S. Diga a palavra *traz*. O som final é de S, não Z.

Quanto ao L final, na maioria das regiões, ele é pronunciado como U, não como o L, de *lá*. Fale a palavra *Brasil* e veja como no final os seus lábios ficam redondos, como no som de U.

O M e o N finais também não são pronunciados como o M de *mãe* ou o N de *não*. Eles só fazem a vogal anterior ficar nasal, como se tivesse um til. *Estavam* é pronunciado *estávão*, o que faz muitas pessoas até terem dúvidas na ortografia desse verbo!

Enfim, em português geralmente as palavras acabam com um som de vogal, o que pode gerar um problema quando falamos inglês. Muitas vezes, há uma tendência de se colocar uma vogal (i) no final das palavras, quando ela não existe. Isso faz com que o sotaque fique muito marcado e, para cantar, acarreta mais problemas porque acrescenta sílabas extras às palavras, o que pode comprometer a métrica.

Em inglês, no entanto, quase todas as consoantes aparecem no final das palavras. Na verdade, há muito mais palavras terminadas em consoantes que vogais! Pratique estas palavras, tendo cuidado para não colocar um *i* no final, mesmo quando houver um *e* no fim da palavra.

/p/   sto**p**, ty**pe**
/b/   glo**be**, reha**b**

/t/	let, mate
/d/	bad, made
/k/	back, lake
/g/	big, drag
/f/	wolf, wife
/v/	love, arrive
/Θ/	south, mouth
/ð/	smooth, bathe
/s/	pass, case
/z/	amaze, close
/ʃ/	wish, cherish
/tʃ/	catch, beach
/dʒ/	age, bridge
/m/	name, come
/n/	man, alone
/ŋ/	sing, along
/r/	admire, care
/l/	mile, smile

Pratique estes finais de palavras com S final sem pronunciar o *e* que está tachado:

times – comes – loves – arrives

Pratique estas letras de música, prestando atenção às consoantes finais e não adicionando som extra:

They trie**d** to ma**ke** me go to reha**b** but I sai**d** 'no, no, no'
Yes I've bee**n** bla**ck** bu**t** whe**n** I co**me** ba**ck** you'**ll** know know know
I ain'**t** go**t** the ti**me** and if my daddy thin**ks** I'm fi**ne**
He's trie**d** to ma**ke** me go to reha**b** bu**t** I won'**t** go go go
("REHAB", AMY WINEHOUSE)

I'**m** on you**r** si**de**
Whe**n** ti**mes** get rou**gh**
And frien**ds** jus**t** can'**t** be foun**d**
Li**ke** a bri**dge** ove**r** trouble**d** water
I wi**ll** lay me dow**n**
("BRIDGE OVER TROUBLED WATER", SIMON AND GARFUNKEL)

You'**re** on**ce**, twi**ce**
Three ti**mes** a lady
An**d** I lo**ve** you
("THREE TIMES A LADY", LIONEL RITCHIE)

I threw a wi**sh** in the we**ll**,
Don'**t** ask me, I'**ll** never te**ll**
I look**ed** to you a**s** it fe**ll**,
And now you'**re** in my way
("CALL ME MAYBE", CARLY RAE JAPSEN)

Wi**th** a tas**te** of your li**ps**
I'**m** on a ride

You're toxic, I'm slipping under
With a taste of poison paradise
I'm addicted to you
Don't you know that you're toxic?
("TOXIC", BRITNEY SPEARS)

You shout it loud, but I can't hear a word you say
I'm talking loud, not saying much
I'm criticized, but all your bullets ricochet
You shoot me down, but I get up
("TITANIUM", DAVID GUETTA)

O S no início das palavras

■ Os falantes de português têm dificuldade para produzir o S inicial em inglês porque não existe esse som em posição inicial na nossa língua. Assim, tendemos a fazer a mesma coisa que fazemos com as consoantes finais: colocamos uma vogal extra, um *i* inicial, que não deveria existir lá. Por exemplo, como dizemos escola, escala, especial, em inglês, tendemos a dizer *ischool, ismile, ispecial* etc.

Para produzir esse som corretamente, fale um S bem comprido, como o sibilar de uma cobra. Pratique com estas palavras:

ssssmile – ssspecial – sssstory – sssscale – ssssleep – ssssnug

Agora tente falar as mesmas palavras normalmente, sem acrescentar uma vogal no início:

smile – special – story – scale – sleep – snug

Pratique a palavra *smile* nestas músicas, sem acrescentar nenhuma vogal no início ou no final. É só uma sílaba!

Smile, though your heart is aching
Smile, even though it's breaking
("SMILE", MICHAEL JACKSON)

If you wake up and don't want to **smile**,
If it takes just a little while,
("DON'T STOP", FLEETWOOD MAC)

When you're **smilin'**... keep on **smilin'**
The whole world **smiles** with you
("WHEN YOU'RE SMILIN'", LOUIS ARMSTRONG)

Pratique o som do S inicial nestas músicas.

Cause the world keeps **s**pinning 'round and 'round
And my heart's keeping time
To the **s**peed of **s**ound
I was lost till I heard the drums then I found my way

O S NO INÍCIO DAS PALAVRAS

Cause you can't **s**top the beat

("YOU CAN'T STOP THE BEAT", DO MUSICAL **HAIRSPRAY**)

Starships were meant to fly

Hands up and touch the **s**ky

Can't **s**top 'cause we're so high

Let's do this one more time

("STARSHIPS", NICKI MINAJ)

Still **s**tuck in that time when we called it love

But even the **s**un **s**ets in paradise

I'm at a payphone trying to call home

All of my change I **s**pent on you

("PAYPHONE", MAROON 5)

But I hold on

I **s**tay **s**trong

Wondering if we **s**till belong

("PRETENDING", DO PROGRAMA **GLEE**)

There ain't nothin'

To **s**toppin' east to west

(I'm not sure if this is right)

But I'll **s**till be **s**tanding

I'll be **s**tanding

("ROOTS BEFORE BRANCHES", ROOM FOR TWO)

Ligando sons – introdução

- Quando ouvimos um falante de inglês, muitas vezes temos a impressão de que é difícil de entender o que ele está dizendo porque ele junta todas as palavras. Bem, de certa forma, é verdade! O mesmo acontece em português. Pense neste exemplo:

    Mas as pessoas são mais espertas e sensíveis do que parecem.

    Como a gente geralmente diz essa sentença?

    ma-zas pessoa são mai-es perta-ze sensíveis do que parecem.

    O mesmo fenômeno acontece em inglês, e identificá-lo nos ajuda tanto a pronunciar as palavras com um sotaque melhor como a entender o que dizem mais claramente.

    Em inglês, quando uma palavra termina em consoante e a próxima começa com uma vogal, os dois sons se ligam como no exemplo em português.

    Já quando uma palavra termina em consoante e a próxima começa com outra consoante, três coisas podem acontecer:

    - A primeira consoante não é pronunciada totalmente e só a segunda é falada claramente. (Ligando sons – não pronunciando a consoante final totalmente)

- As duas consoantes são pronunciadas como uma só (Ligando sons – consoantes iguais ou parecidas)
- Os dois sons se juntam e se transformam em um novo som diferente (Ligando sons – juntando T e D com Y inicial)

Separamos esse fenômeno em 3 capítulos para facilitar a compreensão, mas obviamente eles acontecem simultaneamente na fala e nas músicas! Tente seguir as dicas a seguir e você verá como o seu sotaque melhorará sensivelmente!

Ligando sons — consoantes iguais ou parecidas

■ Quando uma palavra termina com sons de P, B, T, D, K, G, e a próxima começa com uma consoante igual ou parecida, a primeira consoante não é pronunciada completamente, mas a segunda é. A boca até se prepara para falar a primeira consoante, mas não a "solta" totalmente, dando ênfase à segunda.

Pratique estas expressões, sem "soltar" a primeira consoante e enfatizando a da próxima palavra. Cuidado para não adicionar um som de vogal no meio!

sto**p b**elieving
descri**be B**en
tha**t t**ime
ma**de th**is
ma**ke c**ake

thin**k c**arefully
bi**g g**irl

Quando uma palavra termina com sons de S, Z, SH, CH, F, V, L, R, M, N, TH e DG e a próxima começa com uma consoante igual ou parecida, o som da segunda consoante é alongado, como se fossem dois. Cuidado para não adicionar um som de vogal no meio!

thi**s s**chool
the**se s**tudents
Tri**sh sh**ould
Mi**tch ch**ose
arri**ve v**ery late
enou**gh f**ighting
ca**ll l**ater
you **are r**ight
beco**me m**ad
begi**n n**ow
bo**th th**ieves
oran**ge j**uice

Pratique estas letras, prestando atenção às consoantes marcadas, sem acrescentar uma vogal no meio.

Ha**te t**o stare
But you're winning

And they're playing my favorite song

("HOLD IT AGAINST ME", BRITNEY SPEARS)

The world has go**ne m**a**d t**oday
And good's ba**d t**oday,
And black's whi**te t**oday,
And day's nigh**t t**oday,

("ANYTHING GOES", DO MUSICAL **ANYTHING GOES**)

Plea**se s**top loving me
Plea**se s**top loving me
I a**m n**one of the**se th**ings
I a**m n**one of the**se th**ings

("END", THE CURE)

Ligando sons — juntando T e D com Y inicial

■ Quando uma palavra termina com T ou D e a próxima começa com Y, o som final muda. Pratique estes exemplos:

don'**t y**ou (don tchu)
didn'**t y**ou (didn tchu)
won'**t y**ou (won tchu)
las**t y**ear (las tchear)

141

did you (did dju)
made you (ma dju)
find you (fin dju)
understand you (understan dju)

Pratique estas letras de música ligando os Ts e Ds finais com o Y inicial, como nas expressões anteriores.

But don'**t y**ou remember? Don'**t y**ou remember?
The reason you loved me before
("DON'T YOU REMEMBER", ADELE)

Bill Bailey won'**t y**ou please come home
'Cause your mama needs some lovin'
Bill Bailey won'**t y**ou please come on home
("BABY, WON'T YOU PLEASE COME HOME", ELLA FITZGERALD)

I didn't think I saw my wife that summer
That same time las**t y**ear
Oh the same time las**t y**ear
Oh the same time las**t y**ear
Oh the same time las**t y**ear
("SAME TIME LAST YEAR", JOHN MAYER)

Won'**t y**ou please be my own?
Never leave me alone

'Cause I die ev'ry time we're apart
I wan**t y**ou, I nee**d y**ou, I love you
With all my heart
("I WANT YOU, I NEED YOU, I LOVE YOU", ELVIS PRESLEY)

Ligando sons — não pronunciando a consoante final totalmente

- Quando uma palavra termina em uma das consoantes listadas a seguir e a outra começa com uma consoante bem diferente, a consoante final não é pronunciada totalmente e a ênfase é na segunda.

    Pratique estes encontros consonantais enfatizando a segunda consoante. O mais importante de tudo é não inserir uma vogal ("i") entre as consoantes!

/p/	sto**p** that
/b/	reha**b** center
/t/	le**t** go
/d/	ba**d** man
/k/	bla**ck** dog
/g/	bi**g** man
/tʃ/	ca**tch** me
/dʒ/	bri**dge** the gap

    Pratique estas letras de música tomando cuidado para não inserir som extra depois das consoantes marcadas. Tente também não "soltar" a pronúncia completa das consoantes finais.

Don't speak
I know just what you're saying
So please stop explaining
Don't tell me cause it hurts
Don't speak
("DON'T SPEAK", NO DOUBT)

I'm betting you like people
And I'm betting you love creep mode
And I'm betting you like girls that give love to girls
And stroke your little ego
("WHISTLE", FLO RIDA)

Don't be afraid, girl let me help
Girl let me love you
And I will love you
Until you learn to love yourself
("LET ME LOVE YOU", NE-YO)

Just shoot for the stars
If it feels right
Then aim for my heart
If you feel like
And take me away, make it okay
I swear I'll behave
("MOVES LIKE JAGGER", MAROON 5)

A pronúncia do passado dos verbos regulares

- Em inglês, o passado dos verbos regulares é formado adicionando *ed* ao final do infinitivo do verbo. No entanto, o *e* do *ed* só é pronunciado quando o verbo acaba em som de T ou D. No resto dos casos, o *e* não é pronunciado.

Os falantes de português costumam pronunciar esse som de maneira errada, pois queremos pronunciar todos os sons que escrevemos, como fazemos na nossa língua. Quando transferimos essa regra para o inglês, colocamos um "i" no meio do verbo que não existe, o que faz com o que o nosso sotaque fique muito carregado quando falamos. Quando cantamos, pode ser até pior, pois pode atrapalhar a métrica da música.

Pratique estes passados regulares tentando não pronunciar o *e* do *ed*.

ED = T
stopped (stopt)
talked (talkt)
laughed (laft)
missed (misst)
wished (wisht)
watched (watcht)

ED = D
bribed
jogged
loved
named

opened
killed
cared
used
breathed
longed
encouraged
cried
studied
showed
allowed

Pratique estas letras de música com verbos no passado sem pronunciar o *e* do passado dos verbos quando estiver riscado (e̶).

The devil open e̶d up his case and he said: "I'll start this show."
And fire flew from his fingertips as he rosin e̶d up his bow
And he pull e̶d the bow across his strings and it made an evil hiss
Then a band of demons join e̶d in and it sounded something like this
When the devil finish e̶d, Johnny said: "Well you're pretty good ol' son"
("THE DEVIL WENT DOWN TO GEORGIA", THE CHARLIE DANIELS BAND)

It was two weeks after the day she turn e̶d eighteen
...
Sixpence in a shoe, something borrow e̶d, something blue
And when the church doors open e̶d up wide
("JUST A DREAM", CARRIE UNDERWOOD)

Ev'ryone considered him the coward of the county.

...

His mama named him Tommy, the folks just called him yellow

...

He was only ten years old when his daddy died in prison

I looked after Tommy 'cause he was my brother's son

("COWARD OF THE COUNTY", KENNY ROGERS)

Woke up, fell out of bed

Dragged a comb across my head

Found my way downstairs and drank a cup

And looking up, I noticed I was late

Found my coat and grabbed my hat

("A DAY IN THE LIFE", THE BEATLES)

My child arrived just the other day

He came to the world in the usual way

But there were planes to catch and bills to pay

He learned to walk while I was away

("CATS IN THE CRADLE", HARRY CHAPLIN)

Pronunciando SH, CH, J, DJ

■ Em português, temos o som de SH, como nas palavras *xícara* e *chá*, e o som de J, como nas palavras *janela* e *geleia*.

Em inglês, há 4 sons:

SH como em *shoe* e *shampoo*
CH, como em *church* e *champion* (como o som de tchau em português)
J, que é incomum e aparece em palavras como *usual*, *vision*
DJ, como em *George* e *judge*

Pratique estas palavras e observe as grafias diferentes que estes sons podem ter.

SH /ʃ/
shop
pre**ss**ure
spe**ci**al
na**ti**on
ma**ch**ine

CH /tʃ/
child
cheap
fu**tu**re
na**tu**re

J /ʒ/
bei**ge**
u**s**ual

Asia
pleasure

DJ /dʒ/
just
German
bri**dg**e
colle**g**e
gra**d**ual

Pratique estas letras de música com os sons acima nas palavras em negrito.

Pressure pushing down on me
Pressing down on you no man ask for
Under **pressure** — that burns a building down
("UNDER PRESSURE", QUEEN)

But it's been no bed of roses
No **pleasure** cruise
I consider it a **challenge** before the whole human race
And I ain't gonna lose
...
We are the **champions**, my friends
("WE ARE THE CHAMPIONS", QUEEN)

She's got a smile it seems to me
Reminds me of **childhood** memories
Where everything
Was as **fresh** as the bright blue sky
("SWEET CHILD OF MINE", GUNS N' ROSES)

It's not **unusual** to go out at any time
But when I see you out and about it's **such** a crime
If you **should** ever want to be loved by anyone,
It's not **unusual** it happens every day no matter what you say
("IT'S NOT UNUSUAL", TOM JONES)

Sons reduzidos

- Em inglês, a maioria das vogais átonas são pronunciadas /ə/, que é como o som de *uh* que fazemos quando pensamos. Dizemos que esse é um som reduzido porque, em vez de pronunciar a vogal claramente como está escrita, só dizemos *uh*...

Como /ə/ é pronunciado na maioria das sílabas átonas, pode ser escrito de maneiras diferentes.

Br**a**zil (Bruh – zil)
c**o**mputer (cuhm – piu – tuhr)
min**u**te (mi – nuht)
fam**ou**s (fei – muhs)
nati**o**n (nei – shuhn)

Pratique estas palavras pronunciando as letras em negrito /ə/.

priv**a**te
c**o**nfuse
jeal**ou**s
sep**a**rate
aband**o**n
g**e**ntl**e**m**e**n
g**o**vernment
moti**o**n
offense

Pratique estas letras de música pronunciando as letras em negrito /ə/, e não como estão escritas.

Pict**u**re yourself in a train in a stati**o**n
With plast**i**cine port**e**rs with looking glass ties
Sudd**e**nly someone is there at the turnstile
The girl with k**a**leid**o**scope eyes
Lucy in the sky with diam**o**nds
("LUCY IN THE SKY WITH DIAMONDS", THE BEATLES)

When the sale comes first and the truth comes sec**o**nd
Just stop for a min**u**te and smile
Why is everybody so seri**ou**s?
Acting so damn mysteri**ous**
("PRICE TAG", JESSIE J)

It's the edge of the world

And all of western civilization

The sun may rise in the East

At least it settles in the final location

It's understood that Hollywood

Sells Californication

("CALIFORNICATION", RED HOT CHILI PEPPERS)

I am just a poor boy

Though my story's seldom told

I have squandered my resistance

For a pocket full of mumbles such are promises

("THE BOXER", SIMON AND GARFUNKEL)

It's amazing

And I'm sayin' a prayer

For the desperate hearts tonight

That one last shots a permanent vacation

And how high can you fly with broken wings

Life's a journey not a destination

("AMAZING", AEROSMITH)

Os Is do inglês

■ Em inglês há dois sons de I: um mais longo, que é pronunciado com os lábios mais esticados, como se fosse em um sorriso (/i:/) e outro mais curto e mais próximo do ê do português (/ɪ/). Como em português só temos um som de I, os brasileiros têm dificuldade em pronunciar os dois sons e acabam pronunciando-os de maneira igual. Para piorar, existem muitas palavras que só são diferenciadas por esses sons, e pronunciá-los de maneira errada pode causar uma tremenda confusão!

Pratique estas palavras com /iː/. Fale o I do português mas com os lábios mais esticados. Note quais são as grafias comuns desse som:

b**ea**ch
dr**ea**m
m**e**
b**e**
s**ee**
m**ee**t
rec**ei**ve
bel**ie**ve
k**ey**

Pratique estas palavras com /ɪ/, que tende mais para o ê do português. Perceba que ele é geralmente escrito com a letra *i* entre consoantes ou com a letra *i* em posição inicial:

b**i**g
l**i**ve
if
idiot

list
hill
finger

Pratique estas letras de música com os sons /iː/ (em preto) e /ɪ/ (em negrito).

I walk th**i**s empty street
On the Boulevard of Broken Dreams
When the c**i**ty sleeps
…
My shallow heart's the only th**i**ng that's beating
Somet**i**mes I w**i**sh someone up there w**i**ll f**i**nd me
'til then I walk alone
("BOULEVARD OF BROKEN DREAMS", GREEN DAY)

N**i**ght breezes seem to wh**i**sper "I love you"
B**i**rds s**i**nging **i**n the sycamore tree
Dream a l**i**ttle dream of me
Say n**i**ghty-n**i**ght and k**i**ss me
Just hold me t**i**ght and tell me you'll m**i**ss me
("DREAM A LITTLE DREAM OF ME", MICHAEL BUBLÉ)

W**i**th **i**vory sk**i**n and eyes of emerald green
Your sm**i**le **i**s like a breath of spr**i**ng
Your voice **i**s soft like summer rain

And I cannot comp**e**te with you, Jol**e**ne

("JOLENE", DOLLY PARTON)

I want to wake up **i**n that c**i**ty
That never sl**ee**ps
And find I'm k**i**ng of the h**i**ll
Top of the l**i**st
Head of the h**ea**p
K**i**ng of the h**i**ll

("NEW YORK, NEW YORK", FRANK SINATRA)

A pronúncia do U curto

■ Há dois sons de U em inglês. O longo é igual ao nosso U e por essa razão nem vamos falar dele aqui. O outro é mais curto e é pronunciado com a boca menos arredondada, sem o biquinho que fazemos para falar U. O símbolo fonético desse U curto é /ʊ/. É como se fosse uma mistura entre o Ô e o U. Por exemplo, a palavra *good* contém esse som e muitos brasileiros a pronunciam de maneira errada, como "guud" e não /gʊd/.

Algumas palavras muito comuns têm esse som. Se possível, assista no YouTube ao vídeo do The Calling, "Wherever You Will Go" e preste atenção à boca do cantor no refrão:

If I c**ou**ld, then I w**ou**ld

Depois de assistir ao vídeo, pratique estas palavras com este som:

co**u**ld
sho**u**ld
wo**u**ld
foo**t**
boo**k**
loo**k**
stoo**d**
too**k**
goo**d**

Note que o L de *could, should* e *would* não é pronunciado, como já falamos no capítulo sobre o L.

Pratique estas letras de música com esse som.

If I c**ou**ld l**oo**k
Into your skin
Into your arm
What w**ou**ld I see?
("IF I COOK LOOK", ROBYN HITCHCOOK)

W**ou**ld you go with me if we rode the clouds together?
C**ou**ld you not l**oo**k down forever if you were lighter than a feather?
Oh, and if I set you free, w**ou**ld you go with me?
("WOULD YOU GO WITH ME", JOSH TURNER)

Sh**ou**ld I reveal exactly how I feel?
Sh**ou**ld I confess I love you?
Sh**ou**ld I recite beneath the pale moonlight?
And swear by the stars above you?
C**ou**ld I repeat the sweetest story told?
C**ou**ld I entreat, w**ou**ld it be too bold?

("SHOULD I", FRANK SINATRA)

Honey, do you love as g**oo**d as you l**oo**k?
Can you satisfy your man, like your body says you can?
Judging from the cover, I'd love to read the b**oo**k
Honey, do you love as g**oo**d as you l**oo**k?

("DO YOU LOVE AS GOOD AS YOU LOOK", BELLAMY BROTHERS)

A pronúncia dos sons /ʌ/ e /ɜr/

■ Os sons simbolizados por /ʌ/ e /ɜr/ soam como o que fazemos quando dizemos *duh* ou *durr* para indicar uma ação boba. A pronúncia em si não é problema, porque é um som fácil de pronunciar, mas o problema é quando pronunciar esse som, porque a grafia pode ser bastante variada.

Um exemplo é a palavra *country*. Na mídia, ouvimos a pronúncia errada o tempo todo: "cáuntri". O certo seria "cântri", com o mesmo som de *sun*. Vamos tentar corrigir esse erro generalizado?

Pratique o som /ʌ/ (â) nestas palavras:

tr**ou**ble

c**ou**ntry
c**o**lor
l**o**ve
bl**oo**d
f**u**n
s**o**n
m**u**ch
m**o**ther

Pratique o som /ɜr/ nestas palavras:

b**ir**th
b**ir**d
g**ir**l
w**or**d
w**or**ld
n**er**d
j**er**k
t**ur**n
b**ur**n
l**ear**n

Pratique estas palavras com os sons /ʌ/ e /ɜr/ nestas letras de música:

Lord I never drew f**ir**st
But I drew f**ir**st bl**oo**d

A PRONÚNCIA DOS SONS /Ã/ E /ÎR/

I'm the devil's s**o**n
Call me y**ou**ng g**u**n
("BLAZE OF GLORY", BON JOVI)

Blackb**ir**d singing in the dead of night
Take these broken wings and l**ear**n to fly
All your life
You w**ere** only waiting for this moment to arise
("BLACKBIRD", THE BEATLES)

As far as I'm conc**er**ned
You're just an**o**ther pict**ure** to b**ur**n
B**ur**n, b**ur**n, b**ur**n, baby b**ur**n
Just an**o**ther picture to b**ur**n
Baby b**ur**n
("PICTURE TO BURN", TAYLOR SWIFT)

Make me c**o**me alive
C**o**me on t**ur**n me on
T**ou**ch me, save my life
C**o**me on and t**ur**n me on
I'm too y**ou**ng to die
C**o**me on and t**ur**n me on
T**ur**n me on
T**ur**n me on
T**ur**n me on

Turn me on

("TURN ME ON", DAVID GUETTA)

We've **l**e**ar**ned to r**u**n from
Anything unc**o**mfortable
We've tied our pain below
And no **o**ne ever has to know

("MIRACLE", PARAMORE)

Como pronunciar *ein*

O brasileiro às vezes tem dificuldades em pronunciar *ein* em inglês — ou não pronuncia o EI corretamente, ou fala "ēi", com no fim de *também*, em vez de pronunciar o N como uma consoante.

Escreva no YouTube *My Fair Lady — The Rain in Spain* e assista a essa parte do filme com Audrey Hepburn e Rex Harrison. Nele, ele é um professor de linguística ensinando uma moça pobre a falar inglês como uma aristocrata. Para a pessoa aprendendo inglês é uma ótima lição de pronúncia, especialmente do som *ein*!

Segue a transcrição da cena:

Eliza: The r**ai**n in Sp**ai**n stays m**ai**nly in the pl**ai**n.
Higgins: What was that?
Eliza: The r**ai**n in Sp**ai**n stays m**ai**nly in the pl**ai**n.
Higgins: Again.
Eliza: The r**ai**n in Sp**ai**n stays m**ai**nly in the pl**ai**n.

E daí eles seguem a cantar a música mais famosa do filme...

Depois de ver o vídeo e praticar a pronúncia de *ein*, use o mesmo som nestas palavras:

da**n**ger – da**n**gerous – cha**n**ge – excha**n**ge – pl**a**ne

Pratique agora com estas outras letras de música:

I'm a-walkin' in the r**ain**,
Tears are fallin' and I feel the p**ain**
("RUNAWAY", DEL SHANNON)

Purple r**ain**, purple r**ain**.
Purple r**ain**, purple r**ain**.
Purple r**ain**, purple r**ain**.
I only wanted to see you underneath the purple r**ain**.
("PURPLE RAIN", PRINCE)

Str**a**ngers in the night excha**n**ging glances
Wond'ring in the night what were the chances
("STRANGERS IN THE NIGHT", FRANK SINATRA)

Da**n**gerous
The girl is so da**n**gerous
("DANGEROUS", MICHAEL JACKSON)

Give me da**n**ger. Give me da**n**ger.

Da**n**ger ... Da**n**ger ... Give me da**n**ger.

("GIVE ME DANGER", DANGEROUS MUSE)

A diferença entre /æ/ e /e/

- O som do *a* em *cat* não existe em português. Para produzir esse som, abra a boca como se fosse falar AAAA em português, mas em vez de falar "A", tente falar "É". Esse é o som /æ/.

/æ/ é geralmente escrito com a letra *a* entre consoantes ou em posição inicial. Pratique estas palavras, abrindo bem a boca:

c**a**n
f**a**t
l**a**st
m**a**d
ask
ant
ambitious

Já o /e/ é a meio caminho entre o nosso "é" e o "ê", mas é mais simples de produzir, porque, se falarmos como o nosso "é", seremos entendidos sem problemas.

/e/ é geralmente escrito com a letra *e* entre consoantes ou em posição inicial, mas também há outras grafias possíveis. Pratique estas palavras com esse som e observe como ele pode ser escrito:

A DIFERENÇA ENTRE /æ/ E /e/

left
ten
empty
engine
friend
bread
weather
Leonard
pair
care

Pratique estas letras de música com /æ/ (em preto) e /e/ (em negrito):

I m**e**t a girl in east LA
In floral shorts as sweet as May
She sang in eights in two barrio chords
We f**e**ll in love, but not in court
("AMERICANO", LADY GAGA)

Well you done done me and you b**e**t I f**e**lt it
I tried to be chill but you were so hot that I m**e**lted
I f**e**ll right through the cracks and I'm trying to g**e**t back
("I'M YOURS", JASON MRAZ)

I don't know what happens wh**e**n people die
Can't seem to grasp it as hard as I try

It's like a song I can hear playing right in my ear
That I can't sing
I can't help listening
And I can't help feeling stupid standing 'round

("FOR A DANCER", JACKSON BROWNE)

It's just a matter of time
My past is getting us nowhere fast
I was never one for taking things slow
Nowhere seems like somewhere to go

("A MATTER OF TIME", FOO FIGHTERS)

She lies and says she's in love with him, can't find a better man...
She dreams in color, she dreams in red, can't find a better man...
Can't find a better man
Can't find a better man

("BETTER MAN", PEARL JAM)

A pronúncia do T e D em inglês americano

■ Em inglês americano, quando o T e o D aparecem em uma sílaba átona e entre vogais ou entre R e uma vogal (ou Y), eles são geralmente pronunciados como o "r", de *caro*, em português.

Pratique estas palavras:

water
waiter
be**tt**er
bu**tt**er

free**d**om
we**dd**ing
hea**d**ache
hi**d**ing

bo**d**y
la**d**y
rea**d**y
stea**d**y
pre**tt**y

Nesses passados, o T e o D em negrito também são pronunciados como "r" em inglês americano:

nee**d**ed
avoi**d**ed
divi**d**ed
succee**d**ed
trea**t**ed
visi**t**ed
star**t**ed

Com o R antes do T e D, fica um pouco mais difícil, porque temos que pronunciar o R do inglês (como o R caipira do interior de São Paulo) e o "r" de *caro*. Pratique estas palavras:

pa**r**ty
a**r**tist
sma**r**ter
acco**r**ding
mu**r**der

Pratique estas expressões:

get it (gerit)
let it (lerit)
did I (dirai)

Pratique estas letras de música pronunciando os Ts e Ds em negrito como o "r" de *caro*.

Free**d**om
You've go**tt**a give for what you take
Free**d**om
You've go**tt**a give for what you take
("FREEDOM", GEORGE MICHAEL)

See what I'm trying to say is
You make things
Better
And no matter what the day is
With you here
It's better
("BETTER", BOYZONE)

What doesn't kill you makes you stronger
Stand a little taller
Doesn't mean I'm lonely when I'm alone
What doesn't kill you makes a fighter
Footsteps even lighter
Doesn't mean I'm over cause you're gone
("STRONGER", KELLY CLARKSON)

And when the broken hearted people living in the world agree
There will be an answer, let it be
For though they may be parted, there is still a chance that they will see
There will be an answer, let it be
("LET IT BE", THE BEATLES)

I want it long, straight, curly, fuzzy
Snaggy, shaggy, ratty, matty
Oily, greasy, fleecy
Shining, gleaming, streaming

Flaxen, waxen

Knotted, polka-dotted

Twisted, beaded, braided

Powdered, flowered, and confettied

Bangled, tangled, spangled, and spaghettied!

("HAIR", DO MUSICAL **HAIR**)

Considerações finais

Este livro não pretende ser um compêndio das melhores músicas para você aprender inglês. Isso nem seria possível, pois músicas novas são compostas diariamente e o livro já estaria obsoleto antes de ser publicado. Além disso, como já dissemos, música é um gosto muito pessoal e o seu gosto musical pode ser muito diferente do nosso.

O que pretendemos com este livro é mostrar que é possível aprender inglês com música e que também é possível aprender a cantar bem em inglês.

Ensinamos a você como encontrar músicas que o ajudem a praticar pontos gramaticais específicos. Demos alguns exemplos, e agora está em suas mãos continuar a pesquisa. Procure músicas de que você goste e monte o seu próprio repertório.

As dicas de pronúncia apresentam alguns exemplos de músicas com os sons que tipicamente representam problemas para brasileiros. Elas servirão como um ponto de partida para você aprender a cantar qualquer música com a pronúncia correta. Lembre-se de que antes de cantar você deve ouvir a música atentamente e tentar identificar os sons.

Além de cantar, estude inglês. Estudar gramática, vocabulário e pronúncia vai ajudá-lo a falar e a cantar melhor. Quanto mais você se esforçar, maior será o seu progresso.

O resto é por sua conta. Cante, divirta-se e melhore o seu inglês cada vez mais.

Boa sorte!

Carlos e Cris

Referências

Gontow, Carlos. *101 Dicas Para Você Aprender Inglês Com Sucesso*. São Paulo, Disal, 2011.

Gontow, Cris; Marcelino, Marcello; Godoy, Sonia. *English Pronunciation for Brazilians*. São Paulo, Disal, 2006.

Griffee, Dale T. *Songs in Action*. Prentice Hall, 1992.

Memória musical não se perde com amnésia, mostram cientistas. In: Correio do Estado. Disponível em: <http://www.correiodoestado.com.br/noticias/memoria-musical-nao-se-perde-com-amnesia-mostram-cientistas_132979>. Acesso em 15 jan. 2013.

Paterson, Anice and Willis, Jane. *English Through Music*. Oxford University Press, 2008.

DO MESMO AUTOR, CONHEÇA TAMBÉM

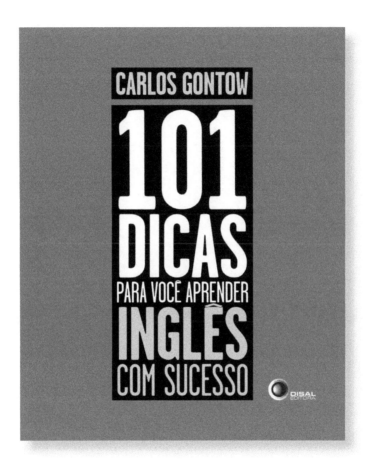

101 Dicas para você aprender inglês com sucesso

www.disaleditora.com.br

DO MESMO AUTOR:

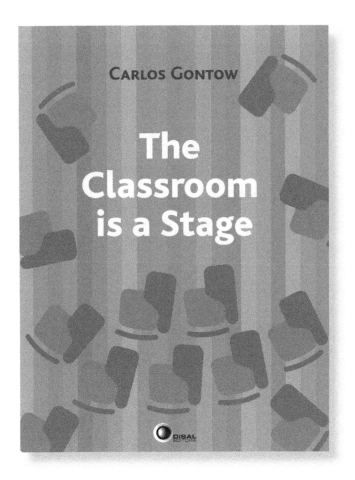

40 peças de teatro em inglês para serem utilizadas em sala de aula

www.disaleditora.com.br

Este livro foi impresso
na Forma Certa, em outubro de 2019
sobre papel offset.